中国房地产策划

核心内参

ZHONGGUO FANGDICHAN CEHUA HEXIN NEICAN

雷万里 著

区域策划·住区策划·商业地产策划

廣東省出版集團
广东经济出版社

图书在版编目（CIP）数据

中国房地产策划核心内参 / 雷万里著. —广州：广东经济出版社，2011.11

ISBN 978—7—5454—1010—5

Ⅰ.①中… Ⅱ.①雷… Ⅲ.①房地产—策划—中国 Ⅳ.①F299.233.5

中国版本图书馆 CIP 数据核字（2011）第 210085 号

出版发行	广东经济出版社（广州市环市东路水荫路 11 号 11～12 楼）
经销	全国新华书店
印刷	广东信源彩色印务有限公司（广州市番禺区南村村东兴工业园）
开本	787 毫米×1092 毫米 1/16
印张	15.25 2 插页
字数	21800 字
版次	2011 年 11 月第 1 版
印次	2011 年 11 月第 1 次
印数	1～4000 册
书号	ISBN 978—7—5454—1010—5
定价	80.00 元

如发现印装质量问题，影响阅读，请与承印厂联系调换。

发行部地址：广州市环市东路水荫路 11 号 11 楼

电话：（020）38306055 38306107 邮政编码：510075

邮购地址：广州市环市东路水荫路 11 号 11 楼

邮购电话：（020）37601950 邮政编码：510075

营销网址：**http：//www.gebook.com**

广东经济出版社常年法律顾问：何剑桥律师

◈ 前 言 ◈

——以原创智慧助推中国地产进步

每一个时代都必然有其在思想上的收获!

在近十年中国城市化的高速发展中，房地产产业一直充当着重要的中坚力量和强劲引擎，其深刻而全面地改变了城市的面貌以及我们的居住和生活方式。并且，除了住区开发之外，中国房地产产业也在区域性开发、商业地产开发、工业地产开发、旅游地产开发等多个领域取得了巨大的成就。

所以，作者孜孜以求，把房地产策划最核心和最重要的部分——区域性开发策划、住区性开发策划和商业地产开发策划三大领域作为本书的研究内容，并总结归纳出各部分的策划体系和策划模式。

在区域性开发部分，阐述了区域开发的整体策划原则是：以全息解构为基础，以战略规划为指南，以比较优势为突破，以功能塑造为根本，以产业打造为引擎，以区域营销为助推，以有机成长为归极。

区域开发的整体策划体系是：在全面调研和解构的基础上，应依次完成定位层面策划、空间层面策划、资源层面策划、功能层面策划、产业层面策划、引擎层面策划和运营层面策划等。作者以此建立了区域开发策划的体系，并对这个体系的每一个层面都总结出了相应的策略和模式。

在住区开发部分，首先从现代房地产企业的领导模式谈起，归纳了住区性项目的广义价值体系，项目定位的八大策略，客户定位的六大策略，项目空间定型的十大策略，项目产品创新的十大策略，户型创新的十四大策略，景观营造的十二大策略，分期开发的八大策略，并在最后的全程营销一章中讲述了营销策略思维导图、六大营销模式和三大市场攻击线。以上原创性策略基本上涵盖了住区开发策划的主要内容，并形成一个完整的策划系统。

在商业地产开发部分，讲述了商业地产选址的六大策略，项目定位的五大原则，原创性的引入商业地产生态系统理论、以及基于此理论的六大定位策略，提出业态划分和组合的八大策略，在对商业地产的空间特性剖析之后，归纳了商业空间的八大特性、以及商业地产场所营造的十六大策略，并讲述了商业地产在不同阶段的运营策略。作者希望以此能够回答商业地产的一些根本性的、关键性的问题。

综合来讲，本书具有以下的特点和优点：

第一，容量性。本书由是三个相对独立部分组成，囊括了区域开发、住区开发、商业地产开发的核心思想和方法。特别是区域性开发在目前的地产策划书中很少涉猎。所以，本书是目前涵盖面最广的地产策划书籍之一。

第二，创新性。本书的体系和多数方法论为作者所原创。比如，区域策划中空间层面策划的五大策略、区域资源整合的五大策略，房地产广域价值体系，产品创新的十大策略，户型创新的十四大策略，营销策略思维导图模式，商业空间的八大特征，商业地产生态系统定位法，商业地产场所营造的十六大策略等，其中有许多都是作者在实践中创新性的归纳和升华。可以说，本书是同类中原创性最多的地产策划书籍之一。

第三，全面性。本书的绝大多数章节的归纳和总结都几乎是最全面的。比如仅就区域开发的驱动引擎就归纳出十二种之多，户型创新策略归纳出十四种之多，园林景观营造策略归纳出十二种之多，商业地产的场所营造方法归纳出十六种之多等。可以说，本书是就同一命题总结的最全面的书籍之一。

第四，实用性。作者的写作源于一线实践，所以深切了解开发企业所需和地产策划人所需。为此，本书以最经典、最新以及作者实地考察和操作过的案例为参考，总结出一套规律性的、模板性的、即学即用的策划方法体系来。这些都可以被策划人作为思考时的思想工具和工作中的参考模式。这也使本书成为最实用的房地产策划书之一。

以上的特点和优点奠定了本书的基本价值，作者也希望能够以原创智慧助推中国地产进步。虽然本书还有不足之处，但这毕竟这也属于中国房地产策划领域在方法论和思想论上的有益的探索和收获！

雷万里

2011年8月

目　录

◆ 第一部分：区域性策划 ◆

◆ 第二部分：住区性策划 ◆

第一部分：区域性策划

DIYIBUFEN QUYUXINGCEHUA

◈ 总 括 ◈

区域开发的整体策划原则是：以全息解构为基础，以比较优势为突破，以战略规划为指南，以资源整合为手段，以功能塑造为根本，以产业打造为引擎，以区域营销为助推，以有机成长为归极。

区域开发的整体策划体系是：在全面调研和解构的基础上，应该依次完成定位层面策划、空间层面策划、资源层面策划、功能层面策划、产业层面策划、引擎层面策划和运营层面策划。

并且，要根据最终的成果和绩效，对各个层面的策划进行完善和改进。

1．区域性开发的定义与特性

1.1 区域开发的定义

农耕时代膜拜土地，工商时代运筹城市！

而当我们需要从全局战略、多重目标、跨界整合、有机系统等方面来考量更广域的空间开发时，我们往往就要超越单一项目、乃至单一城市这样狭隘的视野，而需要借助区域运营的工具。

所谓区域开发（Regional Development），是指政府或区域运营商通过运用市场化或者非市场化手段，对区域内外的空间、资源、产业、环境、文化等有形资产和无形资产进行挖掘、活化、导入、整合、升级、营运和营销，从中获得价值的增值和共享，达成区域内社会与环境全面的、可持续性的发展，并能促进区域外的协同发展。

拉德芳斯区域实景图

大规模的区域性开发极具战略性。其中有些已经成为国家发展层面的增长极。比如伦敦码头区改造、天津滨海经济区的开发等。这些都是提升国家和城市竞争力、促进其全面迅速发展的代表性典范。

以法国拉德芳斯中央商务区的开发建设为例，我们可以把区域开发需要解决的问题和实现的目标归纳为以下五个主要方面：

其一，从内在来看，是城市自我更新和升级的需要。

城市是一个复杂的有机体，其本身在不断地进行着自我成长和有机更新。由于巴黎老城区空间和功能上的制约，迫使政府需要寻求新的城市发展空间和发展模式。所以，拉德芳斯承担着城市自我更新和升级的功能。

其二，从外在来看，是提升城市竞争力的需要。

在20世纪后半叶，特别是在欧盟东扩后，巴黎作为欧洲传统中心的地位受到了严峻的挑战。为了强化城市的竞争地位，巴黎政府需要卓有成效的工作来应对这种挑战。

其三，从功能上来看，是营造城市发展新引擎的需要。

城市和区域的发展往往具有不均衡性，有些区域会成为快速发展或者优先发展的增长极。经过几十年的建设，拉德芳斯现已经成为世界最著名的中央商务区（CBD）之一。这为巴黎乃至法国新经济的发展注入了充沛动力。

其四，从系统上来看，是社会全方位发展的需要。

一般来讲，区域开发应该放在更大的背景和环境下来考虑，区域开发是一项兼顾自然环境系统和社会组织系统共生发展的复杂工程。拉德芳斯通过高端产业聚集，实现了工作、购物、居住、交通、旅游等区域内各个方面的有机发展。

其五，从运营角度来看，是城市营销的需要。

城市营销或区域营销是城市或区域发展的助推器。法国政府开发拉德芳斯新区的目的之一，就是希望其能够作为公元2000年新纪元巴黎乃至法国的展示性“橱窗”。

以上五大课题也是目前中国城市与区域开发面临的普遍性目标。

而一般性的区域性地产开发，比如广州亚运城、三亚海棠湾等项目的开发也成为城市营造和城市运营的一种高端表现形式。它们的开发极大地促进了区域的跳跃式发展，并成为一个地区或城市发展的增长极。

区域性开发的广域性、复杂性、多维性和系统性，同时也促成了区域性开发的挑战性和价值性。比如，广州亚运城不仅仅是区域性地产开发，更是地产、体育以及新城开发之间进行资源跨界整合的经典案例。

广州亚运城位于广州新城核心位置，是一个占地面积2.73平方千米、总建

亚运城用地规划图

筑面积438万平方米的超大规模综合性项目。亚运城主要由运动员村、技术官员村、媒体村、媒体中心、后勤服务区、体育馆区及亚运公园等七大部分组成。通过其成功开发经验，我们可以得出区域开发的一般性的原则：

原则一，多元目标，战略高度。

曾经以举办六运会为契机，广州天河商圈开始发轫，并逐步形成了规模和档次在全国都居于前列的超级商圈。以此为核心，广州市逐步形成了以广州东站—中信广场—天河体育中心—珠江新城—新客运港为轴的新中轴线，彻底改变广州此前的城市空间格局和发展主方向。

同样，亚运城的开发，也具有更高的战略意图和更多元的复合目标。政府希望除了满足亚运会需要之外，亚运城更长远和重要的目标是启动占地228平方千米“广州新城”的建设，以此来进一步提升广州在世界城市体系中的地位。

原则二，有所依托，有所导入。

区域开发往往需要在空间、产业、交通、资源等方面能有所依托，并在此基础之上导入新的生产要素和发展动力。

亚运新城所处区域内密布的水网连通珠江、低丘山冈承延莲花山。这为项目营造岭南山水相依、滨水商娱互动的新城模式提供了良好的空间层面基础。更重要的是：整个珠三角良好的产业发展体系和经济发展水平，为亚运城大规模开发提供了更大的外部依托条件。

除了基于区域内外的各种依托外，区域运营还要导入众多的发展要素。比如亚运城通过交通、场馆、住区、购物、医疗、教育等基础设施的建设，为后续的人口导入、产业导入等提供了基本的物质基础。

原则三，引擎带动，核心领先。

区域开发往往需要强大的引擎作为带动。这种引擎可以有多种类型。常见的比如产业带动、主题带动、交通带动、功能带动等。亚运城就是以国际重大运动赛事为引擎，促进区域开发。无疑，亚运城不仅成为了新城建设的孵化器，也成了带动新城发展的超级引擎。

为了获取强大的区域开发驱动力，并保持区域开发具有长期的活力和生命力，通常而言，区域开发的引擎，比如武汉光谷的光电产业，应该具有一定的领先性和自己核心的竞争力，能够代表产业和社会的未来发展方向。

原则四，资源活化，价值倍增。

当资源的属性被重新定义之后，资源的价值就可能发生明显的变化。在原先农田的功能属性改变之后，亚运城土地使用权的出让创下了255亿元天价。这些土地出让金成为亚运城开发所需资金的重要来源之一。当然，资源的价值倍增不仅仅是土地升值那么单一。整个城市、整个区域都蕴含着取之不竭的资源，对于资源的挖掘、利用和增值应该有多种途径。

原则五，永续经营，有机发展。

亚运城的运动员村、媒体村与技术官员村赛后可以作为住宅出售和使用。而主媒体中心将在赛后变身为综合性购物中心。志愿者宿舍和运动员体能恢复训练中心赛后将成为配套中学。这种对设施的再利用是永续经营理念的实践。

而且，亚运城采取多项生态住区的开发理念，比如分质供水及雨水综合利用系统，太阳能及水源热泵系统，建筑节能、数字化社区及智能家居系统，绿色交通等国际领先的科技环保技术等，以此来营造与环境和谐共生的、可持续性发展的生态新城。

通过以上分析，结合其他更广泛的案例，我们可以概括出区域开发的纲领性流程：区域开发应该建立在多角度、多层次的广泛调研和深入解构的基础之上，以区域内政策、资源、技术、人力、交通等方面的比较优势为突破口，做好区域发展目标和愿景的战略性规划和定位，以资源的挖掘、活化、整合为手段，对区域内各个空间的最佳功能进行划分和定位，并确定区域开发中的核心产业和关键性产业，以主导产业作为区域发展最主要的推动力，以区域营销作为区域开发的辅助推动力，遵循系统理论和可持续发展理论，营造出一个能够和谐发展和有机成长的区域发展系统。

归纳起来，区域开发的整体策划原则应是：以全息解构为基础，以比较优势为突破，以战略规划为指南，以资源整合为手段，以功能塑造为根本，以产业打造为引擎，以区域营销为助推，以有机成长为归极。

1.2 区域开发的特性

区域性开发和一般大型项目开发除了具有一些共有的特征之外，它更具有明显的复杂性和艰巨性，其具体表现为以下几个主要特征。

1.2.1 战略性

区域开发具有长期性、全局性和深远的影响性。

所以，区域开发必须具有高度的战略性。这种战略性主要表现在对区域发展方向上的跨越式定位，发展目标的多元化设定，而且能够给出实现以上发展定位和目标的有效方法与策略。一般而言，区域开发在后期所能实现的价值、所能发展的高度，所能产生的综合效益，往往从区域发展的战略之中已见高低。

钱江新城的崛起，就标志着杭州从“西湖时代”迈向了“钱江时代”。

世界自西湖认识杭州，但快速发展的杭州不可能永远依附在西湖这一脐带上发展。以国际化的视野来看，长三角已经成为全球重要的生产基地，杭州需要一个让世界了解并走向世界的平台和跳板。从长三角区域空间定位来看，杭州应该在长江南翼的城市群中起到关键性的作用。从城市之间竞争的角度来看，杭州也要超越来自上海和周边城市的多方位竞争。

所以，针对以上三大城市发展和城市竞争需求，杭州市政府提出“城市东扩、旅游西进，沿江开发、跨江发展”的战略决策。在此决策中，钱江新城开发被列为重中之重，它成为城市实现以上目标的一枚重要的战略性棋子。

钱江新城距离西湖4.5千米，距萧山国际机场18千米，总规划用地21平方千米，以行政办公、金融、贸易、会议展示、文化娱乐、商业、旅游服务等功能为主。它将成为杭州新兴的行政中心、商务中心、公建配套中心及旅游景观中心。

钱江新城效果图

钱江新城的开发，促使了杭州由“西湖时代”向“钱塘江时代”跨越，通过把钱塘江两岸的空间作为一体来规划和开发，城市从以旧城区为中心的团块状空间布局，转变为以钱塘江为轴线的跨江、沿江，网络化组团式布局。城市的发展主轴也发生了变化，城市将沿江开发、跨江发展，并实现从传统工业化向信息化、生态化、综合性功能开发的战略转变。

可见，钱江新城开发带动了城市空间和产业的拓展和发展，预示了杭州从量变到质变的成长。它肩负了一座城市的战略使命，也展示了未来城市的发展方向。

1.2.2 巨构性

由于空间放大、人口增加、要素多元等因素，区域开发已经远远不止大盘开发的概念。它不管从空间形态、产业聚集、还是社会关系组织等方面，都具有大规模、系统性重新构建的特性。所以，区域开发具有巨构性的特点。

郫县东南部新城——中信蜀都占地7500亩，由中信深圳集团与郫县政府携手开发。开发者致力于将其建设成集居住、商务和旅游度假休闲功能于一体，包含住宅、酒店、大型购物中心、文化体育中心等多种产品形态的宜居新城。

中信蜀都效果图

该项目总体规划结构为“两轴三园三带”，两轴是指文化轴和景观轴，它们构成了新城最主要的骨架；三园是指创造公园、知识公园和文化公园，它们构成了新城的核心共享空间；三带是指摸底河滨河绿带、南侧绿带和北侧绿带。它们形成了新城主要的空间肌理，共同组成了一个新城最原始的概貌和轮廓。

而且，在规划中采取“网格城市”的模式。它可以使新城具有结构严谨、层次清晰的特点，可以形成明确的BLOCK街区。这使项目不论在前期的规划上，还是在后期的运作上都具有了很强的可操作性。

区域开发空间上的巨构性，要求我们所采用的研究从微观要素走向了宏观。而我们在一般项目中应用的“心”“轴”“组团”等概念，已被能容纳更大空间范围的“圈层”、“翼”、“廊”、“增长极”等概念所替代。

当然，我们要强调，巨构性不仅仅只是表现在空间上，还表现在交通组织、功能分布、产业格局、社会结构等多个方面。所以，巨构性给区域开发带来了诸多的复杂性和困难性。

1.2.3 跨界性

所谓区域开发的跨界性可以分为以下两个方面。

其一，从资源之间分布的空间来看，区域开发所需要整合的资源往往是超越项目所属板块，具有广域资源整合的特征，也就是说区域开发需要借用区域外的资源。

其二，从资源之间的整合关系来看，资源整合不仅仅可以在同类资源之间进行，也可以是产业、景观、人文等多种资源之间进行的跨界整合。比如，农业和旅游之间，或者农业、旅游、高科技、教育等之间可以进行更大范围的跨界组合。

观澜高尔夫别墅就是高尔夫运动与高端住宅跨界开发的典范。

观澜高尔夫别墅位于深圳市宝安区，占地20平方千米，为永久性生态控制区。观澜湖拥有12个世界锦标级球场，并以216洞的规模，被吉尼斯评选为世界第一大高尔夫球会。观澜高尔夫别墅将高端的休闲运动和顶级的居住形态合二为一。高尔夫为地产提供了以下不可比拟的价值：

其一，景观价值：高尔夫对别墅提供景观资源，别墅可以随景而设。在10多平方千米的绿色王国上，建筑覆盖率不到1%。别墅完全被球道环绕，属于纯粹的高尔夫球场中央物业。不管从那个角度，别墅都可以观赏到绿色景观。

其二，运动休闲价值：除了高尔夫球场提供的运动及休闲功能之外，项目还拥有亚洲第一大乡村俱乐部、观澜湖水疗度假酒店、国际会议中心、大卫利百特高尔夫学院和辛迪瑞学院、亚洲第一大水疗中心等多种休闲设施。

其三，商务价值：高尔夫球场是高端人士商务活动首选的场所之一。而高尔夫别墅更能把背景相同、事业有成的人士聚集在一起，创造出生活与事业的共享平台。不少客户也是基于高尔夫别墅的商务功能而购买了物业。

正是由于高尔夫运动与豪宅之间价值的互相放大关系，让观澜湖高尔夫别墅成为运动、景观、阶层、豪宅、商务等复合价值体系的代表者，成为很难超越的、具有差异性特质的国际级顶级豪宅区。

1.2.4 系统性

区域是一个由经济、社会、环境三个子系统所组成的大型复合系统。所以，这也决定了区域开发必然是一门综合性的系统科学。

由于区域开发已经不仅仅以居住功能为主，而往往复合进了产业、旅游、商业、娱乐、休闲等多个功能模块，具有功能上的复合性和消费群的多元化。所以，要把人和环境、人和产业、人和人以及他们之间作为一个系统来考虑。而且要处理好各个功能之间的主次性、均衡性等。

成都市锦江区在城乡结合部的红砂、幸福、万福、驸马、江家堰、大安桥6个行政村，建设成了占地12平方千米的以“花香农居”、“幸福梅林”、“江家菜地”、“东篱菊园”、“荷塘月色”命名的 “五朵金花”为品牌的观光休闲农业区。

成都“五朵金花”经济发展模式堪称社会系统重塑的代表。

“花乡农居”以小盆景、鲜花和旅游产业为主导，为国家AA级风景区；“幸福梅林”依托幸福村腊梅种植的优势，打造休闲饮食、梅花盆景、旅游纪念品等组成的梅花产业链；“江家菜地”以认种的方式，把传统种植业变为体验式休闲产业，实现城乡互动；“东篱菊园”突出菊花的多种类和菊园的大规模，将一些民房改造成工坊，以工坊为平台，聚集民间艺人展示和传播濒临灭绝的民间手工艺；“荷塘月色”借助优美的田园风光，成为艺术创作、音乐开发的艺术村。

“五朵金花” 观光休闲农业不仅整合了成都市城郊区域之间的农村旅游资源，而且将农村旅游与农业观光休闲、节庆活动有机地结合起来，形成了以农家乐、乡村酒店、国家农业旅游示范区等为主体的农村旅游发展业态。

所以，五朵金花营造模式的系统化主要体现在：一是打造了不同村庄根据自己条件，错位发展相关产业的模式。二是探索出具有产业支撑的休闲经济发展模式。三是开创景观化打造、城市化建设新农村的新模式。四是村民离土不离乡，原住村民就地转化为市民，并纳入城乡一体化保障体系。五是搭建融资平台，引导社会资本和民间资金投资模式。六是实现社会效益和经济效益的双赢。

所以，区域开发研究的环境不是一个要素，而是一个系统，区域开发的结果也不是一个方面的进步和发展，而是整个系统的进步与发展。区域开发要注重整体性、动态平衡性、功能的协作性、目标的多元性等。这是系统论所具有的基本观点和基本原则。

1.2.5 前瞻性

社会发展的动态性、开发周期的长期性都决定了区域开发必须具有前瞻性。区域的开发应该着手于现在，着眼于未来。其应该既有短期开发的可行性，又具有长期开发的前瞻性。这种前瞻性不仅仅包括各种硬件和软件上的超前性，也包括对消费趋势和社会发展趋势的预见性。

中新天津生态城位于国家发展的重要战略区域——天津滨海新区，规划面积约为30平方千米，规划常住人口在35万人。规划区域内现状1/3是废弃盐田，1/3是盐碱荒地，1/3是有污染的水面，土地盐渍化严重。

中新生态城定位为：致力于建设成为综合性的生态环保、节能减排、绿色建筑、循环经济等技术创新和应用推广的平台，国家级生态环保培训推广中心，现代高科技生态型产业基地，“资源节约型、环境友好型”宜居示范新城，参与国际生态环境建设的交流展示窗口。

一方面，从区域自身开发角度来讲，中新生态城前瞻社会发展趋势，采取绿色开发和可持续发展模式，使其成为宜居的生态之城。另一方面，从产业导入角度来讲，中新生态城前瞻产业发展趋势，突出打造领先的节能环保、新能源新材料产业。所以，天津中新生态城立足于可持续发展理念，使其成为了实现生态经济的创新之城。

战略性、巨构性、跨界性、系统性和前瞻性是区域开发不同于一般项目的特殊性所在，它决定了区域开发的复杂性、艰巨性和长期性。所以，区域性开发的策划方法也不同于一般项目的策划方法。

区域开发的整体策划体系是：在全面调研和解构的基础上，应依次完成定位层面策划、空间层面策划、资源层面策划、功能层面策划、产业层面策划、引擎层面策划、融资层面策划和运营层面策划。并且，要根据最终的成果和绩效，对各个层面的策划进行完善和改进。

2. 区域开发的主导者模式

区域开发的主导者模式是解决“由谁做”的问题。

比如，《广州市现代服务业功能区发展规划纲要》指出，广州根据功能区或集聚区发展的不同特点，采取灵活多元的管理和开发模式。

纲要指出：对于具有一定公益性、垄断性的服务业功能区，如亚运新城、大学城、科学城等，一般由政府组建管委会进行管理；对于正处于开发阶段的重大战略性功能区，如空港经济区、临港商务区等，推荐采取“管理委员会+投资发展有限公司”的模式；对新开发的创意类园区或处于优化提升阶段的成熟商业功能区，如软件园、创意产业园、商业文化中心等，可由政府直接引入战略开发商以市场化模式进行开发、管理和运营。

所以，我们可以看出，区域开发的主体基本可以分为以下两类。

2.1 政府主导的区域性开发

政府主导的区域性开发一般可以分为两类。

第一类，在市场失效情况下，政府必须直接来作为主导者。比如，一些历史文化街区的改造、市政基础性工程的建设等，当一般企业因无利可图而不愿参与时，就需要政府出面肩负起主导者的责任。

第二类，政府为了确保经济效益和社会效益的最大化，而由政府相关部门主导，成立相应的开发公司，作为主体进行项目开发。

以海棠湾的开发为例，在2007年年初，三亚市政府宣布，对海棠湾开发模式进行调整，确定改变以前由政府和企业合作进行一级土地开发，一并分享土地出让收益的开发模式。而采取土地一级开发由政府独立完成，然后政府以项目带土地招商的模式。

此后，三亚市政府重金邀请了国内外著名设计单位，高水平编制了海棠湾规划，全力抓好征地拆迁安置，加快基础设施建设，专门成立了海棠湾管理委员会和海棠湾开发建设有限公司，负责基础设施建设、项目策划包装、推介招商等。

海棠湾以政府为主导的开发模式的核心内容为：一是遵循海棠湾的整体规划；二是坚持政府主导海棠湾征地、拆迁、安置；三是坚持政府主导海棠湾基础设施建设；四是坚持政府主导海棠湾招商引资。

政府主导的开发模式，不仅实现了土地以及开发过程收益的最大化，它还有以下几个方面的优点：其一，是确保了区域规划的高起点和整体性，政府能够强有力控制整体规划的落实；其二，政府作为主导者，有利于统筹城乡协调发展，更容易保护一般群众的利益，让其共享开发成果；其三，有利于完成大规模市政配套的落实，避免了为单纯追求利润，致使配套缺失的情况发生；其四，注重可持续发展，更有利于生态和环境的保护。

这种开发主体常常以城市建设或者城市投资公司的形式出现。比如，早在2002年，南京市为了建立多元化投资体制，对城市有形资产和无形资产进行集聚、重组和市场化营运，市政府成立了由市土地储备中心、国资集团，交通控股公司，公用建设控股公司组成的四大投融资平台。

四大投融资平台建成后，通过建立市场化运作机制，应用杠杆效应，将社会资金引入城市建设和发展领域，形成“政府提供启动资金—项目社会融资—所有权、经营权转让—偿还债务，获取收益—良性循环投资”，实现政府投资成本最小化，社会效益最大化。

通常来讲，政府对城建和城投公司往往也会提供以下的支持：

一是注入城市可经营资源和优质资产。比如，城市可开发利用土地、设施冠名经营权、停车设施经营权，市政府拥有的其他市政公用设施产权或股权，行政事业单位因各种原因形成的闲置房产、地产等资产；

二是注入资本金。经政府授权或划转的城市可经营性资源、资产以及股权等作为国有资本金注入。对其在城市基础设施项目建设过程中上缴的土地出让金净收入、城市配套费等，财政以建设资金的方式注入；

三是加强对项目融资的支持。对政府公益类项目，根据不同情况在项目融资还款期内给予一定的补贴，在专项资金、贴息等方面优先给予安排与支持；

四是建立健全偿债机制。政府财政每年通过预算安排、土地出让金收益、市政配套费收入等多种渠道，确保公司按期归还承担的政府公益类项目到期本息债务，维护公司信用。

2.2 运营商主导的区域性开发

除了政府主导的之外，大部分区域开发还是由区域运营商来开发完成。城市运营商的特点就是具有政府功能加企业功能的复合体。

成功的城市运营商必须具有四大核心优势和资源：其一，有一定规模的土地资源或者具有获得大量土地的能力；其二，能够帮助政府完成区域规划中的经济目标和社会目标；其三，具有优异的资源整合能力和大型项目开发能力；其四，具有良好的社会公共关系和品牌号召力。

比如，杭州广厦天都城、北辰长沙三角洲项目、金融街金海湾、绿地昆山21城，海南半山半岛、中信郫县项目等的开发。这些项目都是由企业主导开发的，它们对区域发展起到举足轻重的作用。

半山半岛项目鸟瞰图

比如，半山半岛位于三亚亚龙湾，总占地面积2066多亩，总建筑面积100多万平方米，是由三亚鹿回头旅游区开发公司开发的超大型综合房地产项目。整个项目包括临海别墅、观海公寓、洲际酒店、豪华商业街、国际潜水基地、游艇会等。

一般来讲，即使是由区域开发商自己主导，在大型的区域性开发项目过程中，都需要和政府进行一定合作或者联动，比如，在不同开发阶段的政府和企业可以进行各种合作，或者企业开发的项目可以和政府规划的相关产业、相关市政配套设施进行联动等等。

以苏州工业园区的开发为例，1994年国务院正式批准中新两国合作开发苏州工业区，双方分别成立财团进行合作开发。

新加坡开发苏州工业园区的财团由19家集团公司组成，财团成员以政府控股公司为主体，他们拥有完备的国际市场网络，能开展强有力的国际招商活动。中方开发财团为苏州工业园区投资实业有限公司，是由苏州十家企业组成的联合发展总公司和江苏省投资公司共同组成。双方财团组建中新苏州工业园区开发有限公司（简称CSSD），统一进行园区开发建设。

经过几年的业务培育后，CSSD主营业务已由单一土地开发业务逐步转为以土地综合开发为龙头，以房产项目开发、公共设施配套服务、高科技投资等多种业务为支撑的业务格局。

3. 定位层面策划

定位是对开发愿景和目标的系统性确定。所以具有牵一发而动全身的战略性。定位又是一个系统，它几乎决定了区域开发项目的基本概貌。

由于区域开发项目的特殊性，决定了定位依据的复杂性。概括而言，区域定位应该以区域功能为基础，以自身的比较优势为依托，以市场需求为导向，以综合价值为目标。

区域开发属性定位有一些具体的模式。比如功能模块定位法，主导产业定位法，开发主题定位法等。但简单的套用以上模式往往会流于形式，很难最大化地挖掘和实现区域发展的战略性意义。

所以，区域开发项目可以在分析区域格局和产业生态的前提下，应用占位性定位策略、错位性定位策略、共生性定位和补缺性定位策略，为区域发展需找到最佳的发展模式和路径。

3.1 区域开发定位的主要内容

定位建立在对于一个城市和区域的全息分析的基础之上。定位也是一个系统性工程。项目的定位的具体内容包括:

项目定位依据和变量的筛选和确定，项目的多种可能性方向和最优选择，项目战略目标定位，项目属性定位，项目核心概念定位，项目的形象定位，产业发展定位，项目主题定位和分主题定位，项目主功能和分功能定位，项目内住宅、商务、商业、旅游等业态定位等。

以三亚海棠湾为例，2007年，海南省政府正式批准将海棠湾总体定位为“国家海岸”。这些功能决定了海棠湾之独特的战略地位。而海棠湾的其他几个主要定位分别为:

海棠湾职能定位：世界级的旅游度假天堂，面向国内外市场的多元化热带滨海旅游休闲度假区，国家海洋科研、教育、博览综合体。

规模与容量定位：根据“国际典型海滩容量分析标准”、“国际案例比较法” 和“典型案例类比法”三种方法研究推算， 海棠湾可容纳居住人口规模为：规划期末（2020年）25万人。其中，过夜游客14万人左右（包括酒店和度假公寓），服务人员7万人左右，原住民4万人左右。

海棠湾空间结构图

核心功能定位：海棠湾的三大核心功能是国际顶级品牌滨海酒店带、世界级游艇休闲社区和国家级海洋科研、教育、博览中心。

国际顶级品牌滨海酒店带，由位于沙坝上的6个主题酒店群、主要通海道路与滨海景观大道结合处的海滩公共服务区及多处沙坝公园组成。

世界级游艇休闲社区包括国际游艇港、海棠湾国际风情小镇、龙江塘游艇社区、凤塘区国际社区和主题公园以及结合泻湖与内河设置的相关公共服务设施及游艇度假项目。

国家级海洋科研、教育、博览中心包括海洋公园、国家海洋研究院、国际海洋科学中心、国家海洋大学、国家海岸湿地公园、国际会议中心等组成。

可见，定位是一个完整的全面的体系，具有全局性、指导性的意义。

3.2 区域开发定位的主要策略

3.2.1 区域定位的依据

区域开发定位的基本依据可概括为：以区域功能为基础，以自身的比较优势为依托，以区域格局为考量，以市场需求为导向，以综合价值为目标。这可以简称为区域定位的“五以”依据。

以上海碧云国际社区为例：碧云社区位于中国上海浦东新区，占地总面积约4平方公里，自1998年开始开发建设，迄今已成为上海规模最大、社区配套功能最完善、综合环境最具特色的新型国际社区。

碧云国际社区是上海浦东开发进程中，按照外向型、多功能、现代化国际城区的定位，参照国际标准和惯例建成的新型国际社区。它已成为上海成熟的、各类高层次境外人士聚居度最高的标志性国际社区之一。

碧云社区的定位依据为：由于其周边各园区的快速发展，致使诸如居住、教育、商业等配套十分欠缺。所以，为了弥补区域功能的缺失和市场的需求，碧云社区就定位为为产业园区服务的高端复合住区。

同样，上海碧云国际社区商业规划的依据，可以概括为以下两个主要方面：其一，以“浦东新区总体商业发展规划和区域型商业区发展规划”为前提，打造现代商业多种功能及配置最集中、最合理、最全面的标志性区域；其二，以上海外籍家庭集聚度最高的国际社区为依托，建设以体育休闲为特色的社区商业。这都是我们以上“五以”定位依据的体现。

3.2.2 区域定位的模式

区域开发的定位是一个系统，而在这个系统中最关键的是其属性定位。属性定位表明了区域开发的主要功能、主题和产业发展方向等最主要的内容。而区域开发的属性定位模式，可以分为以下几类：

其一，功能模块定位法，以区域的主要功能性质为定位的方向。比如，北京中央商务区，天津空港物流园区等；

其二，主导产业定位法，以区域的核心产业和主导产业作为定位的方向。比如，武汉光谷，深圳F518创意园等；

其三，主导主题定位法，以重大主题事件或者主题功能为定位的方向。比如，西安世界园艺博览会，深圳大运城，杭州宋城等；

其四，优势资源定位法，以区域内的独特或者有一定影响力的资源作为定位的方向。比如，杭州西溪国家湿地公园；

其五，多元复合定位法，以多个复合性功能或者产业为定位对象。比如，西湖滨水游憩商业区。

定位的实质是解决问题和实现目的的方法。好的定位中已经蕴含了如何实现消费者需求，如何化解项目竞争，如何提升项目价值等核心内容。

以资源导向定位为例，比如，巽寮金海湾国际滨海度假区规划面积为24平方公里，项目开发总用地面积为495万平方米，项目具有16千米原生海岸线，11千米白色沙滩，60亩葱翠茂密的红树林，99个大大小小的洲岛，以及依山傍海的七山八湾十八景等丰富的、稀缺的自然景观资源。

但作者在考察金融街金海湾项目后认为，金海湾项目，乃至中国为数众多的旅游地产项目，基本都面临以下类似性的难题：

第一，非成熟。旅游地产项目往往选址在郊区或远郊区域，该区域当前的商业、教育、配套交通等条件不成熟。一般需要3~5年后的逐步完善期，商业项目也具有很长的市场培育期。

第二，非地缘。由于附近没有大城市强有力的消费支撑，这往往使项目成为游离于消费辐射力之外的孤岛。而且，项目与大城市之间的车程从1个小时增加到车程的2个小时，这必然带来消费阻力数倍的增加。

第三，非必须。旅游地产的购买者和投资者，对于住宅，往往都是多次置业者，是作为第二、第三居所来使用。所以，一般都是非刚性需求，客户中特别是项目前期阶段的客群，投资客占有很大比重。所以，项目销售受政策和市场环境影响十分明显。

第四，非重复性。旅游地产和商业地产的生命力在于能否产生持续性的重复性消费。这是考量商业地产和旅游地产的一个重要的考量指标。如果商业项目和旅游项目不能做到客户的重复性消费，那么必然面临着客源衰竭的危机。

针对以上问题，我们认为拥有16千米海岸线的金海湾，不应只是从项目的角度，而是应该从珠三角整个区域的旅游格局来定位。应用区域格局分析，首先是要界定自身在区域空间、功能、资源、产业、分工等大格局中的地位，以此来确定自己的定位方向。

而在整个珠三角乃至广东省，一个拥有广阔海岸线的滨海大省，真正在全国具有影响力的滨海旅游度假区却几乎是个空白。除了大梅沙等少数滨海休闲区域，广东省缺少大众性、具有区域影响力的滨海休闲游憩平台。在此市场空缺情况下，金海湾有条件打造成类似与秦皇岛的北戴河、广西的北海银滩一样的顶级旅游项目，成为珠三角滨海旅游商娱休闲的超级平台。这应该是项目一个大的定位方向。

金海湾核心区规划

在项目整体定位确定之后，往往还要进行各个分区的功能细分性定位，对于以资源为主导的区域开发项目，对项目各个分区的功能定位与各个分区的资源挖掘和整合有着因果性的关系。因为资源是各个分区具体功能定位方向的依据。

金海湾依据自身资源，确定了三大功能分区，分别定位为：北区“绿之海洋”，中区“阳光之都”滨海小镇生活区，南区“世外桃源”。

北区“绿之海洋”，是整个度假区域的自然门户，整个北区的设计将借助丰富的海岩礁石滨海资源，红树林生态资源，山海立体景观资源，海景公寓、海景别墅散落在“连绵的绿，无垠的蓝”中，相映成趣。游艇码头和水上巴士更将为诗情画意的画面平添些许浪漫色彩。

中区“阳光之都”滨海小镇生活区，是旅游与度假居住的深度契合体。中央滨水广场、滨海商业街、滨水特色美食街、缤纷水族馆、露天剧场、商务会议中心、大型购物中心等大型配套共同形成整个小镇的公共活动中心区。

南区“世外桃源”，是珠三角最奢华的滨海休闲区，将成为亚洲最大的度假生活方式胜地之一。18洞山地观海高尔夫、游艇俱乐部、五星级酒店群、奢侈品商业街、国际会议中心等高端消费场所将云集于此。

3.2.3 区域定位的策略

区域开发属性定位有一些具体的模式，比如功能模块定位法，主导产业定位法等一些基本的模式。但简单的套用以上模式往往会流于形式。所以，为了最大化的挖掘和实现区域发展的最大化价值，在区域定位中可以应用一些策略性的定位方法。

区域开发的定位策略可以归纳为：占位性定位策略、错位性定位策略，共生性定位策略，补缺性定位策略这四种方式。

其一，占位性定位策略。

占位策略是指在分析自身优势和资源的基础之上，确定自己在区域格局中、产业链条中、行业发展态势中战略性、独特性、权威性、主导性的位置和价值。

比如，在黔西南州形象定位的思考过程中，作者发现在旅游产业的发展中，存在着一个几乎相同的规律，那就是旅游产业聚集消费者第一个驱动力就是项目的品牌号召力。而这种号召力往往源于项目占位性的定位方式，比如，周庄——江南第一水乡。

而一旦没有这种独特性、权威性的占位式品牌形象，那么往往就会失去在旅游市场中的话语权，往往会名不正则言不顺，名不正则客不至。所以，为了抢占黔西南州在贵州旅游格局的位置，我们首先考虑的是黔西南州在贵州旅游格局中的战略地位。

从大的区域格局来看，黔西南州处于贵阳—昆明—南宁组成的大金三角的核心腹地，从小的区域格局来看，黔西南州处于贵阳、黄果树—兴义—荔波组成的小金三角的一个关键节点上。黔西南州除了借势、分流这一旅游格局的客群之外，还必须形成自身的形象影响力，吸引更多的客户!

在通过对黔西南州旅游资源和旅游产业的优势进行归纳和升华后，我们认为，如果用一个字概括黔西南旅游资源那就是一个“奇”字。所以，我们借用徐霞客对万峰林的评价“西南奇胜”作为突破口。认为黔西南州旅游形象定位应该为“西南奇胜，醇美金州”！这即提炼和升华的资源，并以西南奇胜作为自己独有的高度占位，又具有了权威性、差异性、震撼性。

其二，错位性定位策略。

错位性定位策略是当不同区域存在一定竞争关系时，区域定位可以避开同质化的竞争，存同求异，寻求大背景相同之下的差异化竞争优势的一种定位策略。比如，同样是文化产业、有的偏重于历史文化资源，有的偏重于现代影视娱乐。

重庆市政府领导曾对金融中心有三种分类：第一种是行政总部集中的金融中心，比如北京金融街，第二种是要素市场集聚的中心，比如上海陆家嘴；第三种是结算类金融中心，典型的是新加坡。而重庆要发展金融中心，走前两种发展模式的条件很难具备，所以重庆要借鉴新加坡模式，打造结算型金融中心，使重庆的金融中心建设找到了一个区别于京、沪、深的定位方向。

江北嘴CBD效果图

为此，江北嘴CBD的规划定位将以金融中心的集中建设为带动，发展具备国际水平的金融商务核心区。而新建的5平方千米金融核心区，使其成为重庆未来发展的引擎。重庆江北嘴将成为长江上游的中国金融第三区，成为整个中国新世纪经济战略中的重要支点。

这种定位策略包括产业上的错位，空间上的错位，时间周期上的错位，技术先进程度的错位等。错位的实质是为了寻找到最有利的发展空间和发展路径。

其三，共生性定位策略。

共生（commensalism）原指多种不同生物之间所形成的紧密互利关系。而区域开发也同周边环境存在着千丝万缕的联系。区域开发存在于一个更大的发展环境中。一方面，它是必然要受到大环境的影响；另一方面，它也必然和周边区域的开发息息相关。这种大环境和周边影响因素有时决定了区域开发的定位，所以，区域开发可以从区域之间的共生关系中得到定位

这种共生关系有两类：第一类，是母子性共生关系，也就是说区域开发的定位是由其大环境、母环境决定的。比如深圳起初是依附于香港而崛起，南宁东盟商贸区因中国—东盟商贸区的发展而建立。第二类，是并列性共生关系，比如苏州工业园区和苏州高新产业园区可以得益于对方的发展，并为对方可以提供一定的发展支撑。

其四，补缺性定位策略。

补缺性定位有两种模式，其一，是发现消费市场空白，进行差异化定

位。这样可以和竞争对手区别开来，避免激烈的竞争。其二，是对本区域缺失功能的弥补。区域发展需要多样化的功能、多种类的资源，项目可以通过弥补区域功能和资源的欠缺来进行定位。

比如，深圳虚拟大学园是深圳市政府为大力发展高新技术产业而实施的具有战略意义的创新举措，作为深圳高新技术产业的重要的支撑体系之一。

当深圳发现本地人才远远满足不了自主创新的需求时，便以创新精神设立了虚拟的大学“城”：即在一个相对集中的区域里，为每所进驻的高校提供一定面积的办公地点，租金、管理费由政府承担，各高校可以在此进行技术创新或项目转化，同时通过网络与各高校本部连接，将各高校的创新资源引入到大学园来。这样，深圳的企业在家门口就可以与各高校进行面对面的技术和项目交流。

园区全方位培养和引进符合深圳市发展需要的国内外高素质、复合型人才，是高层次人才培训教育基地；吸引和促进国内外名校、科研院所来深进行高新技术项目的研发、中试和产业化，是高新技术成果转化、创新企业孵化和高新技术产业化基地。

园区积极打造创业服务品牌，整合社会有效资源，积极促进大学、企业、风险投资和政府职能部门的交流与合作，营造创业沃土。虚拟大学园成为“官、产、学、研、资”相结合的纽带和桥梁。

4．空间层面策划

一方面，空间表面上是一种自然属性，是一种自然的形态和肌理。但是，另一方面，空间是功能关系和社会关系的一种投影。所以，一般意义上的城市空间的概念是：城市要素在空间范围内的分布和联结状态，是城市经济结构、社会结构的空间投影，是城市社会经济存在和发展的空间形式。

空间具有一定的时空限定性，也是相应资源的载体，是区域开发的平台和基础，所以，一个区域开发往往从其空间开发和利用开始的。我们可以利用空间的成长性、关联性、可塑性、立体性和复合性来进行空间策划和营造。从而为区域创造价值。

4.1 策略之一，利用空间的成长性创造价值

空间具有动态性和变化性。空间犹如生物的机体，同样具有一定的成长性。空间可以从一个小空间逐步成长为一个大的空间。空间的成长过程往往是一个巨大的价值聚集和裂变的过程。

比如，上海从一个海滨小镇成长为国际性大都会，就是一个价值不断聚集和裂变的过程。这种空间的成长有缓慢成长阶段和快速成长阶段之分。目前，中国的城市化进程方兴未艾，特别是近十年的中国城市化进程，促使大多数城市主要功能空间成倍增长。属于城市空间的快速增长阶段。所以，如何利用空间的成长性价值也是一个普遍性的命题。

空间在成长和扩张的过程中，可以吸纳更多的外部资源，促使空间内各个部分机能的发展。比如，近年来广州——从“云山珠水”向“山城田海”国际化大都市进行转变，城市空间显著放大。通过城市外部空间的内部化，广州把她的发展前沿拓展到了南沙港，形成了以山、城、田、海为空间特征城市框架。在这个大的空间格局下，获得了更多的和外界交流通道和发展机会，囊括进更多的发展资源，使城市获得了再一次发展的动力。

广州出海口——南沙新区规划图

而且，空间的成长也往往也不是均衡的，而是有重点和侧重的。所以，往往在空间成长最快的地方，就形成了空间发展的增长极。这种空间的增长极效应是在策划过程中可以很好利用的一种特性。

4.2 策略之二，利用空间的关联性创造价值

自然界的规律之一就是：两个事物在进行复合过程中，可以产生新的事物、功能或价值。空间与空间之间的复合和关联也一样，当空间之间的阻隔消除，在距离趋近之后，各个空间之间的价值都会明显提高，而且可能会产生附加性价值。

比如，港珠澳大桥就是实现了三个城市空间的关联性和可达性，打通了存在于以上区域交流和沟通的壁垒，促使了三地的快速发展。而跨江大桥，跨海大桥，高铁开通，就像拉链一样把分散的空间和功能紧紧和缝合在一起，产生了良好的效益。

由于资源性城市存在因资源日益枯竭而面临发展瓶颈的问题。所以，发展旅游产业也成为城市转型的方向之一。为此，作者曾经对宁夏石嘴山旅游空间的规划提出“干”型百里旅游观光走廊构想。

“干”型构想主要是指由两个横轴一个纵轴组成的旅游大框架。

其一，沿贺兰山一线的横轴，以山地景观和历史人文景观功能为主；其二，沿星海湖一线的横轴，以滨水商业文娱和休闲游憩功能为主；其三，沿

沙湖大道一线的纵轴，以滨水观光和多元体验功能为主。

此设想的核心在于：以13千米的沙湖大道为陆路连接，并借助丰富的水资源，沿沙湖大道平行打造13千米景观水路（此水路可以结合养殖产业来做），直接把沙湖和星海湖进行水路陆路进行双向连接，利用宁夏最著名的旅游景点——国家5A级旅游景点沙湖作为石嘴山导入旅游人口、发展旅游产业的超级引擎。

整个“干”旅游型框是一条集山野湖泊、人文历史、工业农业、游览体验、度假养生、商务会议等综合功能于一体的旅游休闲体系。

但这种效益只是第一层面的东西，空间和空间在关联后，除了具有1+1>2的正向放大效应之外，有时还可以完全的改变和影响以前的空间格局，重新定义区域空间属性、空间关系和空间价值，甚至整个区域的整体空间形态和价值。

所以，一个区域的发展战略往往从其空间发展战略开始的。

4.3 策略之三，利用空间的可塑性创造价值

空间是长期形成的一种物质形态，所以具有一定的稳定性和限定性。但空间不是一成不变的。空间具有一定的可塑性。我们可以通过对空间的重新塑造和改造，来提升板块的功能和价值。

比如，为了再现当年桂林“水城”的繁荣景象，并恢复桂林宋代水上游的城市游览模式，桂林政府提出“两江四湖”工程的构想。该工程完全按照800年前桂林的古水道设计建设，是世界上最完整的复古环城水利景观。

所谓“两江四湖”，即指漓江、桃花江、木龙湖（含铁佛塘）、桂湖、榕湖、杉湖，其环城水系全长7.33千米，水面面积38.59万平方米。桂林通过两江四湖的打通，连接了各个景点。实现桂林“千山环野立，一水抱城流”的壮丽画卷。

工程的建设从根本上改善了内湖水环境质量；通过“两江四湖”木龙湖、桂湖、榕湖、杉湖三个景区建设，以及文物古迹的恢复、挖掘、整理和修缮，使桂林中心城优美的自然山水与深厚的历史文化积淀相互辉映；“两

江四湖”工程也完善了城市的基础设施，调整了城市的功能和格局。

其实、结合了旅游与文化产业的张艺谋的《印象刘三姐》大型演出项目，也是利用了空间资源的可塑性。它改变了山水资源作为静态观赏这些通常属性，山水一方面作为了表演的背景、一方面又作为表演的舞台，并把山水动态的结合到演出当中，这是对空间可塑性在微观上的应用。

桂林旅游、乃至全国知名旅游城市要实现二次超越发展，都应该从优势旅游资源的加强化；单一旅游内容的多元化；既有旅游产品的延展化；旅游产业与其他产业的复合化等这四个方面来加强。而这“四化”的基础往往都是建立在对空间资源的保护性开发和有益性重塑之上。

“沧海桑田”是自然对空间的重新塑造，“高峡出平湖”是人工对自然空间的改造。策划人可以借助自然的力量或者人工的力量来对空间进行针对性有益性的重塑和改造。空间重塑是区域开发面临的必然课题和价值创造的必然之路。

4.4 策略之四，利用空间的立体性创造价值

空间具有平面性，所以，我们可以利用空间在平面上的重整和重塑来创造价值。同样，空间具有立体性，我们也可以利用空间立体上的重整和重塑来创造价值。

空间的立体化开发有两种情况。第一种，空间本身就包括诸如山脉、溪谷、平原等具有不同高度的丰富的地形地貌。比如，深圳曦城坡地别墅区，开发者根据不同地形而打造出不同的产品和功能。第二种，人为地从一定单一空间中分割和创造出不同层次和功能的空间来。比如，地下空间的多元利用等。

随着对空间资源利用强度的加大，特别是在土地资源稀缺的区域，空间的开发已经朝着地下和高空两个方向同时的发展。

比如，广州珠江新城地下空间也得到创新性地使用。其地下空间将周边39栋商业办公楼、公共文化建筑的地下空间全部连通和整合在一起。地下一层为地下商业城和公交旅游大巴站，二层为公共停车场，三层是APM，即广

曦城——占地2.3平方千米的山地别墅

州珠江新城旅客自动输送系统（APM），它是世界上第一条全地下、无人驾驶的旅客自动运输系统。

在珠江新城核心区中央广场两侧的高层建筑之间，还搭起二层空中连廊，将各大建筑在南北方向连为一体；高架层主要为快速通过人流设立，连接地铁站和主要建筑，同时兼顾部分建筑的行人过街要求，构筑地下、地面和高架组成的立体步行系统。

所以，一方面，空间的立体化往往便于打造紧凑型和复合型的城市空间。另一方面，空间本身具有资源的稀缺性特点，这就要求我们对空间集约化的利用。所以，空间的立体开发越来越得到重视。

4.5 策略之五，利用空间的复合性创造价值

有的空间具有两种以上不同空间的属性复合。由于不同属性价值的互相增益的效果，使这些空间往往具有复合的功能和特殊的价值。所以，对这类空间的开发一定要最大化的释放出该区域的特殊性价值来。

比如，滨水空间就是水陆两种不同空间属性的复合。这种空间具有水体、岛、堤坝、码头、滩头、水岸等多样空间形态，而且，这种空间具有交通、游憩、居住、商业等多种用途和功能。

在中国乃至世界范围内，比如纽约、上海等城市，许多城市都是因水而生。因为水是一种生活资源、生产要素、交通途径、景观资源。所以，城市滨水区往往也是这类城市中最精华的部分。

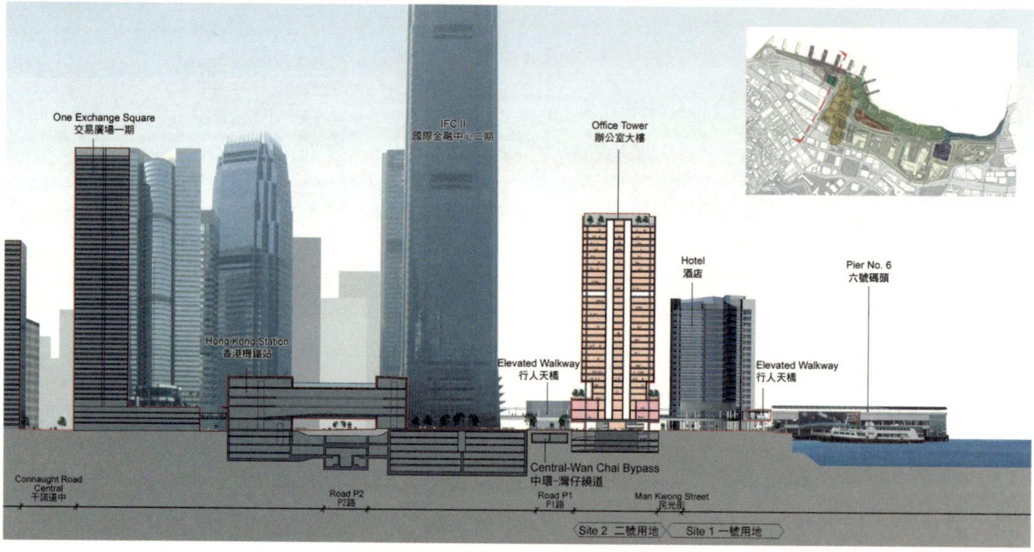

香港中环新海滨规划设想

滨水区开发也成为城市和区域开发一个普遍性的现象。以香港中环新海滨为例，为了最大化发挥滨水区域的独特价值，此项目在开发过程应用了多种营造策略:

其一，注重功能性。中环新海滨要展示核心商业区和优越海滨的独特特质，实现商业和游憩的双重功能和用途，并要塑造出海滨的新地标。

其二，注重共享性。优化区域环境，尽可能拥维港入城市，营造多元化、多用途的活动和设施，设置中心景点和公共聚集点，供市民共享，实现亲水游憩等体验，创造具有吸引力的海滨场所。

其三，注重可达性。首先，实现区域内部和区域外部之间的可达性，便于吸引市民到达海边。其次，实现区域内部之间的可达性，交通动线连接商业、居住、交通、游憩等四大功能群。最后，除了交通之外，还要注重视觉上的可达性，使各个位置尽可能具有良好的视觉通道和视觉景观。

其四，注重组织性。在东西轴线上进行分段划分，每个分段在功能上有所偏重。在南北轴线进行分层划分，讲求一定的层次性。并且，在开发上也要注重空间三个维度上的立体型开发。一般来讲，海滨区开发是一个多分段、多层次、立体性开发的空间组织模式。

其五，注重融合性。一是，注重空间的融合性，协调建筑形态、高度、组团、布局设计，以和周边建筑和环境相协调。二是，注重文化的融合性，尊重和延续中环的历史、地域文化脉络，并注重导入的新文化与原有文化的融合性。

其六，注重可持续性。提供有助可持续性发展的设计，带动经济、配合交通、环境及基础配套，促使区域内部繁荣和活力，并能带动区域外发展。通过以上营造策略，最大化发挥了滨水复合区域空间的自然天赋。

像香港中环新海滨的开发一样，许多城市已经把滨水区开发不仅仅看作单个项目的开发，而是把滨水区的开发，作为更新衰退旧区、开发新兴区域、调整产业结构、营造宜居宜商环境、提升区域价值的重要手段。

5．资源层面策划

资源是解决问题和实现目标的凭借。广义的资源包括了景观、矿产、人口、交通、能源等基本的要素。狭义的资源主要是指景观资源和文化资源。

中国的许多城市本身就是资源性的城市。比如，因水而生的港口性城市；因矿产而生的工业性城市；因交通而生的商业物流城市；因景观文化而生的旅游名城等。

资源除了进行单一层次、多层次的开发之外，策划人还可以通过资源整合来利用资源。所谓资源整合是指：策划者对不同性质、不同区域、不同功能，不同层次的资源进行挖掘与激活，选择与关联、使其释放出倍增性的价值。

比如，通过对黔西南州旅游项目策划，作者认为对于旅游产业、乃至其他各类产业发展而言，要取得长久性的成功，关键在于发现产业本身及消费者的发展趋势，因为，在这些发展趋势中却包含了解决问题的总钥匙，可以说：得趋势者得产业!

目前，中国旅游的方式也从观光旅游的初级阶段，过渡到了休闲度假、多种体验的中级阶段和宜商宜居的长效旅游休闲阶段。所以，大型旅游项目策划的总目标是：实现从短效旅游到长效旅游的转变。要实现这个转变，关键还是资源的挖掘和整合，对于资源的挖掘和整合，可以从以下四个方面来进行。

5.1 策略之一，单项提升，把单项价值做到极致

资源是在时间长河中孕育的结晶。所以，我们可以沿着时间的维度来挖掘资源；资源是空间的精华所在。所以，我们可以沿着空间的维度来挖掘资源；资源是文化的逐渐沉淀。所以，我们可以沿着文化的维度来挖掘资源。从而，我们重点从以下三个方面来寻找黔西南州的旅游资源:

其一，从时间的维度来挖掘资源。当我们用历史的长镜头、以百年为单

位溯源和寻找黔西南的旅游资源时，我们可以发现：在2.8亿年前——古生代形成并给我们遗留下泥凼石林；在2.3亿年前——中三叠纪时期，产生于2.4亿年前中三叠纪的贵州龙化石，它比恐龙蛋化石早1亿年……所以，资源是时间的藤蔓上结出的果实，这些都可能成为我们可以挖掘的方向。

其二，从空间的维度来挖掘资源。空间是资源存在的母体和容器。一定的资源存在于一定的空间中。广义来说空间本身就是一种资源。狭义来说空间精华之处就是资源所在之处。如果从空间的广角镜来看，最能体现黔西南州旅游资源精华的当属以万峰林、马岭河峡谷等为代表的黔西南十八景。她们如珍珠般星罗棋布。

其三，从人文的角度来挖掘资源，从大的方面来讲，人文因素已经影响到我们生活的方方面面，甚至成为我们的行为方式中的固有基因。从小的方面来讲，一件饰品、一片瓦砾，都具有充沛而丰富的内涵和寓意。黔西南是布依族苗族的聚集地，其风俗、建筑、服饰、节庆、歌舞具有民族文化特色。这些都可以作为旅游资源来进行开发。

通过以上多角度挖掘，黔西南州在国内具有唯一性和震撼性的资源可以归纳为：马岭河——被称为地球上最美丽的疤痕，万峰林——被徐霞客誉为“西南奇胜”，万峰湖——西南第一大淡水湖，双乳峰——被称为大地圣母，贵州龙——举世罕见的科学发现等。

而这些具有唯一性和独特性的资源大多数仍旧养在深闺人未识，并且已开发的项目也水准较低。比如，具有同样类似资源的威海大乳山滨海旅游度假区，以“母爱温情，福地养生”为文化主线，突出母爱和养生文化旅游品牌，形成了集观光旅游、休闲度假、文化娱乐、养生康体，包括旅游房地产开发在内的综合性大型旅游胜地。而放眼世界也独一无二的黔西南双乳峰完全可以成为国内一流的文化景观。

所以，在资源被挖掘之后，就是要把优势资源，特别是具有唯一性、震撼性的资源进行提升和升华，使其成为某一方面的“单项冠军”，使单一资源的价值和影响力达到最大，从而使其成为整个旅游产业的核心竞争力和带动引擎。

5.2 策略之二，多项整合，发挥资源的集群优势

由于区域在空间上具有广域性。所以，其所具有的资源也往往具有丰富性。这些丰富性的资源应该被有机的串联和整合在一起，使资源在空间上具有一定的互动性，在类型上具有多元性，在功能上具有补充性，在组合具有多维度。以此形成客户的多重体验和深度体验，使旅游资源效能能够得到充分的放大，并形成集群效应。

从更高的视野来看，黔西南州处于以贵阳（黄果树）、兴义，荔波为节点的旅游大金三角的位置。贵阳是全省游客的集散中心，黄果树是贵州旅游的第一品牌，所以要依托贵阳和黄果树。而荔波在申请进入世界自然遗产名录后，也已经成为贵南重要的旅游城市。

所以，贵阳（黄果树）、兴义，荔波在旅游资源上要相辅相成，协同发展，形成区域资源的集群效应，从而构建旅游的大骨骼。黔西南应在大产品格局中寻找自己的市场，并分享客户。

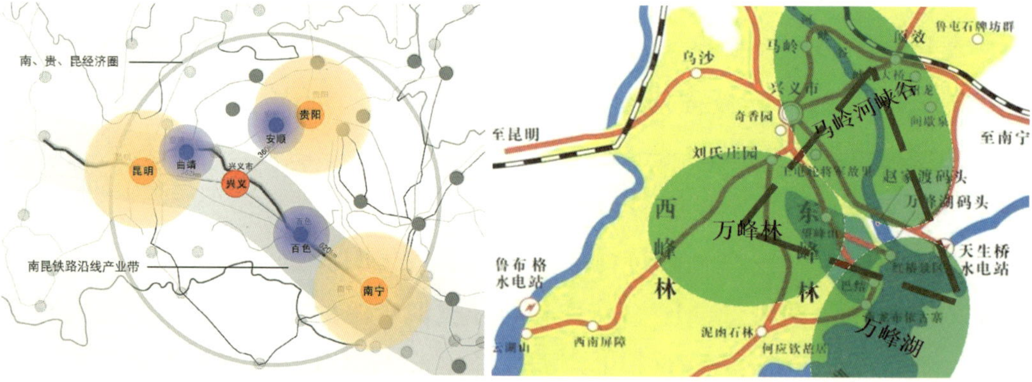

黔西南旅游资源的金三角

从自身的资源来看，黔西南应该首先把空间区位上关联度最大的马岭河峡谷、万峰林、万峰湖三个景区首先进行整合，形成资源的互相促进作用。

其中，马岭河峡谷板块，以旅游，水上运动，攀岩、探险等为主要功能。万峰林板块，在核心风景区内进行保护性开发，保护好原生态景观资源。在核心风景区外，近期可以结合旅游地产来开发。万峰湖板块，近期以

江上、湖上滨水旅游为主，沿岸进行古村寨开发。远期，结合高端休闲度假地产进行开发。这既发挥了各个板块的资源特点，又使三者在功能上互相错位，形成了数十里的不同奇异空间组合的立体画卷和多元体验。

所以，单打独斗时代早已结束，即使把单一资源做成“单项冠军”也是远远不够的，要把各个“单项冠军”联合起来实现“团体冠军”，使各个资源之间互相借势和共享，从而形成整个区域旅游的一个产品体系和客户体验体系。

5.3 策略之三，泛产业链整合，实现跨界价值聚合

泛产业链整合指在明确主题方向后，对核心主题进行相关的产业链研究，明确产业链中的核心产业、周边产业、衍生产业等产业梯次，最终选择具有高价值、高拉动的产业来共同构建产业集群，并确保各产业之间能够形成良好的联动和对接，从而促进区域的发展。

为了获得更好的效应和影响，旅游地产和各类产业相互复合已经成为一种趋势，也成为产业共赢的一种模式。结合黔西南的旅游资源，作者建议从以下几个方面进行泛产业链的相互整合:

方向之一，与体育产业相互关联。马岭河峡谷是中国十大漂流景点之一，适宜漂流河段50余千米。2005年11月26日，2008年北京奥运会激流皮划艇第一次全国公开选拔赛在马岭河峡谷举行。所以，产业之间已经具备整合的基础。

方向之二，与酿酒产业相互关联。贵州醇酒厂本身就是一个旅游景点，其中的奇香园是“全国工业旅游示范点”，获国家AA级生态园工业区的称号。所以，黔西南的旅游可以结合酿酒产业和酒文化来打造。

方向之三，与房地产业进行关联。就旅游产业本身而言：可以借助旅游人口来带动旅游物业的盈利，实现项目本身的造血功能和盈利能力。还可以借助旅游地产的开发方式。比如类似“大唐芙蓉园”的做法，通过景观和景点的营造，来提升整个区域以及区域内房地产项目的价值，从而获得更高的经济效益和社会效益。

当然，还可以借助黔西南的医药资源，整合和发展现代医药养生产业；可以结合苗族布依族的文化，发展相关服饰绘画等文化产业；也可以结合奇石资源，与现代园艺产业项目关联等。通过泛产业整合，黔西南州可以打造出自己旅游产业的联合舰队来。

5.4 策略之四，资源深度开发，全方位价值挖掘

从资源开发和利用的深度来分，可以分为单一层次的开发和多层次的开发。对资源的单一层次开发，就是对资源的简单的直接利用过程。对资源的多层次开发，是对资源的进行深度上和广度上的多角度、全方位的开发。

黔西南也存在充足的地热温泉资源。对于温泉资源的开发和利用，可以分为四个阶段：第一阶段为洗浴的文化，也就是泡汤的开始；第二阶段为沐浴加养生的文化，突出温泉的养生疗养作用；第三阶段为洗浴+养生+休闲，这个阶段强调保健养生；第四阶段，是洗浴+养生+休闲+商务，是最高层次的温泉开发方式。只有这样的深度挖掘，才能最大化地发挥项目资源的价值。

所以黔西南州温泉资源开发可以参考珠海海泉湾的深度开发模式。

港中旅（珠海）海泉湾度假区位于珠海西部海滨。度假区总占地5.1平方千米。海泉湾在其罕有的海洋温泉资源的基础之上，多层次，多维度的开发沿海洋温泉资源链条之上的多种附加功能和商业用途。除了把温泉的功效放大到美容、养生等多个功能之外，项目还以此资源为依托，引入相关联的旅游、度假、会议，娱乐、拓展等功能。

目前，海泉湾度假区以海洋温泉为核心，聚合两座五星级海泉湾大酒店、刺激动感的神秘岛主题乐园、集美食娱乐演艺于一体的渔人码头、高科技的梦幻剧场、设备一流星级服务的体检中心、运动俱乐部、精英团队的拓展训练营、异域风情的加勒比海岸、高档休闲的高尔夫项目、休闲垂钓区以及国家级自驾车营地等产品和项目，是中国目前功能最齐全、综合配套最完善的超大型旅游休闲度假区之一。总体来看，海泉湾对温泉资源的利用包括了以下四个方面：

海泉湾总平面图

其一，基本性价值——洗浴层面：清洗、降温、解除疲劳、美容……

其二，附加性价值——养生层面：保健、治疗、减肥、健身、按摩……

其三，关联性价值——休闲层面：旅游、美食、聚会、运动、文娱……

其四，拓展性价值——商务层面：会议、论坛、培训、高尔夫、度假……

所以，借鉴海泉湾，黔西南对与温泉资源的开发也可以深入挖掘，具体可归纳为以下四个方面，第一个层面是资源的基本价值，第二个层面是资源的附加价值，第三个层面是资源的关联层面，第四个层面是拓展性的价值。

这样就可以实现了对资源的深度开发、全方位的价值利用。

5.5 策略之五，与消费方式整合，实现终极价值

资源整合的核心在于如何把资源打造成消费产品，或者成为吸引消费者强有力的商业锚点。把资源转化为产品，并和消费者的消费行为和消费偏好紧密结合在一起。这是实现资源价值的最根本性的方法。

以旅游地产为例，作者认为旅游产品分为以下三大类别:

其一，宏观旅游产品，是一个完整的旅游线路和完整和消费者体验过程。一个项目、或者一个区域的旅游产业要明确自己在这个大的旅游格局中、旅游线路中的分工和地位。

其二，中观旅游产品，是复合性旅游产品。比如: 历史（博物馆）＋旅游，文化（影视城）＋旅游，商业（行业论坛）＋旅游，运动（射击、射箭基地）＋旅游……通过复合给项目提供多种产品组合，给项目提供新的价值放大方法。

其三，微观旅游产品——是消费者的直接参与性和体验性的项目。也就是我们常说的吃、喝、游、住、行、玩、购等有关的直接消费品。

所以，项目要根据不同核心价值体验点，提供的不同类型和不同体验的游憩休闲方式，以吸引不同需求的高端客户重复消费。

比如，从空间上来看，对于一个滨海旅游项目来说，其每一寸的土地都有着可以打造为旅游资源的可能。其山顶、坡地、山脚、田野、海岸、近海、远海、深海、海岛……其每一个空间和节点都可以和相应的旅游休闲活动进行关联和整合，可以设计出每一空间和消费者之间的互动内容。比如，消费者可以在山脚田野进行草莓采摘，可以在海滩进行文娱活动，在深海可以进行潜水等。

从时间上来看，可以设计出消费者在不同时间段的游憩内容。在早晨、中午、下午、傍晚不同时段，乃至精确到每一小时，都可以设计出消费者体验和消费的内容和项目来。比如，清晨6点，消费者可以坐游船到远海观日出；中午12点享受海滨美食；夜晚8点，观赏文娱节目表演等。

旅游资源和消费者的消费方式结合越紧密，资源发挥的效用也就会越大。

总之，在营销策划人的手中，他们使用的素材就是要素和资源，然后通过资源和要素的关联来实现自己的营销目的，不管是要素还是资源，它们本身的多样性和它们之间关联的多样性决定了我们实现目的时的方法的多样性。我们对这样的方法可以称之为加法法则。

6．功能层面策划

功能产生价值。功能不同则价值不同。

城市具有工作、居住、交通、游憩等四项最主要功能。这些主要功能还可以被细分为科研教育、物流园区、滨水旅游区等更细分的功能模块。有些功能会被形象的称为是城市的客厅、城市的绿肺、城市的卧室、城市阳台、城市门户等。

显然，不同的功能定位使区域具有不同的价值。比如，当某一区域定位为中央生活区或者中央商务区时，这就是明确其主要功能，主要功能决定了区域的基本价值。

一定的区域空间，对应了最适合其发展的功能定位。所以，我们可以依靠区域的功能定位和升级来提升区域的价值。我们也可以通过区域功能的均衡性、功能的复合性、功能合理分布等方法来提升区域的价值。

6.1 策略之一，依靠功能定位来提升和改变区域价值

定位是个金手指。一定的区域空间，对应了最适合其发展的功能定位。所以，一定的空间形态和一定的区域功能之间契合度的高低决定了空间价值放大的效能。比如，城市空间上的核心区域往往以商业、商务功能为主，其土地和项目的价值一般也是一个城市的最高峰值。

南宁东盟国际商务区地处南宁市凤岭新区。东盟国际商务区由国际商务核心区和东盟各国联络部基地两大功能区域组成。其中国际商务核心区占地110公顷，东盟各国联络部基地占地约60公顷。国际商务核心区是集商业、办公、酒店、文化、会议展览和居住为一体的综合功能区域。东盟各国联络部基地是为东盟各国政府机构和商务机构提供商务、办公和生活服务，具有各国民族风情特色的商务综合园区。

南宁东盟国际商务区的定位是一个以文化活动为中心、具有商务区功能并承载商业服务、文化交流、娱乐休闲职能的城市核心区，是一个具有各国

东盟国际商务区项目效果图

特色，为东盟各国政府、商务机构提供商务、办公和生活服务的综合园区联络部基地。

南宁东盟国际商务区的建设，加快了广西融入东盟经济圈的步伐，提升了南宁作为区域性国际城市的凝聚力和辐射力，促进了南宁地方经济从资源型经济向外向型的变革，同时也极大地提升了城市形象和居住品质。

所以，区域功能定位具有点石成金的作用，对区域价值将产生决定性影响。

6.2 策略之二，利用功能的升级和更新来创造价值

区域的功能具有一定的确定性，但也是随着时间而改变和升级的。

比如，天津的城市功能经历了由单纯型军事据点、封闭的内贸型城市、开放型贸易城市、近代工商业大城市、综合性的工业基地、开放的综合性港口城市的转型发展过程，其城市功能顺序演进的物质基础是社会发展和产业发展的结果。

而现在，天津将以滨海新区的开发为契机，以产业结构的调整和在空间上的重新布局为基础，对城市中心产业和用地结构进行“退二进三”的调整。实现城市中心区域功能的升级换代，使中心城区的功能由“生产型”向“服务型”转变。

区域功能的变化有三种，第一种是循序渐进的升级和优化；第二种是完全的功能改变；第三种是原先单一性功能逐渐复合和分化出一个新的功能复合体来。

丰台园产业基地最初是被定为中关村的产业用地，一期主要为两个功能区：产业区和住宅区。但在启动二期开发时， 由于一期的开发带动了周围地价大幅提高，同时相类似的工业园区竞争十分激烈。二期已不适合按照工业用地的思路进行开发。所以，项目需要在定位模式和招商模式上有所调整和突破。

2002年，丰台园区和道丰集团合作。丰台园区委托北京社科院对一些大型企业进行了调研，并最终确定将“总部经济”作为产业基地二期的功能定位。总部基地将国外历经四代发展的Business Park先进理念与自身独特的区位和环境资源相结合。

丰台总部基地实景图

总部基地着力于为企业打造一个以智能化、低密度、生态型为特点的“花园式”办公环境的新经济平台。如总部基地内的楼宇全部以建筑面积500平方米到5000平方米的独栋小楼组成，每一个区域内的十几栋建筑又单独形成组团，并有一个小型会馆配套，周围以绿地环绕，形成独特的“商务花园”景观。这吸引了跨国公司和外埠大型企业集团总部的入驻。

从工业园区到总部基地的功能改变，使项目发展获得了更广阔的空间。

6.3 策略之三，利用功能的均衡性和协作性来营造价值

城市是各种功能相互联系、相互作用而形成的有机体。而不是各种功能的简单相加。各种城市功能的性质和作用是由它们在城市整体功能中的地位所决定的。因此，必须着眼于城市功能的整体性和系统性来分析和研究区域功能。

比如，以城市中心商务区为例。通常，我们将CBD的主要功能划分为四大类：①金融、贸易、商务办公；②商业零售；③行政办公；④文化、旅游、娱乐。每类主要功能都有一些与之相关联的次要辅助功能。

范斯和墨菲对美国9个城市CBD用地功能的实证调查显示，零售类用地平均占13.4%，服务、金融、办公类功能用地占32.6%，非中心商务类功能（公共、居住、批发、工业）用地占35.5%。

而北京商务中心区4平方千米的用地面积，建筑规模控制在1000万平方米之内，其中写字楼约50%左右，公寓25%左右，其他25%左右为商业、服务、文化及娱乐设施等。规划中的商务中心区是一个具有多功能、高度复合的区域，在满足商务活动的同时，还具有文化、科技、娱乐、居住等其他功能。中心商务区将主要具有以下主要功能：

管理功能，CBD发挥国际企业总部战略策划和生产经营决策的中枢作用，使商务中心区成为全球经济循环网络中的重要空间结点。

集散功能，通过吸引国内外跨国金融保险机构、知名传媒公司和各类专业服务机构，建立便捷的国际资本市场，加速信息的中转和使用，使商务中心区成为集散各种经济资源和生产要素的重要地区。

服务功能，完善各类市场服务体系，培育市场经营主体，提供信息、法律、会计、培训、会展和物流等服务，在商务中心区内构筑高度发达的服务体系。

交往功能，通过建设现代化的展览馆、博物馆、图书馆、影剧院、会展中心等国际交往设施，使商务中心区成为不同国家、不同文化交流的主要区域。

而且，一个区域都是由主要功能和辅助功能组合而成，有一定的主次性。比如，纽约曼哈顿以金融业为主导，巴黎的拉德芳斯以商务办公为主导，主导功能在辅助功能的协同效应下，创造更大的价值。

6.4 策略之四，利用功能的复合性来提升区域价值

雅各布斯强调功能的多样性和融合性，反对割裂有机的功能组合。因为多样性往往是保持区域活力和生命力的基本条件。所以区域的功能定位也讲求一定的多元性和复合性。

据此总体规划思路，考虑金鸡湖本身的旅游开发功能及土地开发收益平衡，最终确定将全湖及周边沿湖地区分为8个区，并通过绿地系统和步行系统连为一体，环湖建筑尽可能与湖畔公共空间相融。

除玲珑湾外，还规划了以都市中心及集会广场为特征的城市广场，以亲水公园、林荫散步道结合住宅群构成的湖滨大道，坐落于的运河水道之间、延续和体现传统苏州水城风貌的水巷邻里，以自然生态保护区、野生动物保护区和观鸟区构成的望湖角，以绿带串连其间的高级住宅小区金姬墩，由商业、文化中心、水族馆、美术馆、户外剧场及演奏厅、运动公园等构成的文化水廊，还将在湖的北边建设拥有酒店和渡假屋群的波心岛等。该规划通过对丰富的资源的优化利用，使居住、工作、商业、文化、休闲等功能有机地结合起来。

随着城市的发展，一些新的功能形式和复合性的功能形式也逐步出现，比如，商业和休闲功能复合促成了城市中一种新的功能区———游憩商业区(Recreational Business Dist rict ,简称RBD) 的兴起。

北辰长沙三角洲项目

比如，北辰长沙三角洲项目，项目占地面积约110万平方米，总建筑规模达500万平方米，由于项目处于湘江和捞刀河的交汇处，具有极佳的水景资源，随着“两馆一厅”等市政设施的建设，带动了商业、商务等系统建设完成。

长沙三角洲项目将采用市政道路、沿江景观先行，滨江商业、商务驱动，住宅引领市场，建设循序渐进的开发策略，建成集文化、旅游、休闲、商业、商务为一体的都市游憩商业区（RBD），成为长沙新的经济副中心、文化中心和城市名片。

6.5 策略之五，利用功能的合理分布来提升区域价值

功能在空间的分布，一般由以下几个方面来决定的。

其一，由功能的主次性决定。一个区域一般由主要功能和辅助功能公同组成的。一般来讲主要功能一般位于区域的核心和占据主要面积。这样便于提高生产要素的利用效率和区域的聚合能力。

其二，由功能与资源的匹配度决定。利用原有资源，营造和原有资源相互契合的功能板块，这是各个分区功能定位主要的决策依据，只有这样才能最大化发挥资源的价值和作用。

比如，五缘湾定位为“活力生态港，财智精英城”，具体划分为“一个中心，七大功能区”。“一个中心”即环湾中心，是五缘湾最具特色的核心区域。规划有文化艺术之岛（歌剧院）、水上运动之岛（游泳跳水馆）两个湖心岛。

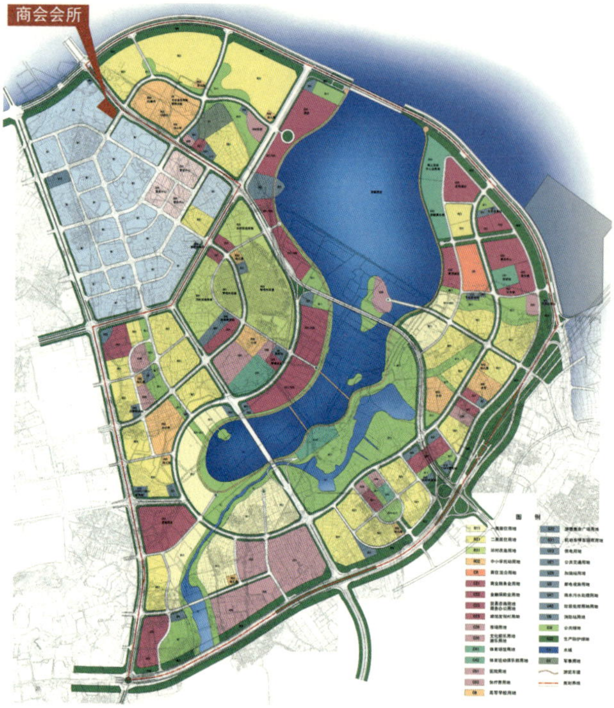

五缘湾规划图

七个功能区分别是：五通商务区，以高档酒店、高层商务办公为主体；通屿生态居住区，由坂美、通屿两部分居住区组成；国际健康养生区，以养生研究、高端理疗和医院为主要内容；温泉高尚居住区，拥有厦门岛内唯一的海水温泉资源，沿湾设置温泉度假别墅，外围布置高级居住群；钟宅湾民俗旅游区，在尊重村落原有街巷肌理的基础上进行改造；墩上高尚居住区，利用临海、靠湖以及山地资源，营造滨海高尚居住区；软件园区，以研发办公为主，形成综合生态型高新技术园区和中高档商务办公区。这样的分区定位主要是根据各区的资源特点决定的。

其三，由功能之间的关联度决定的。功能和功能之间的关联度是不同的，一般来讲关联度越高的功能会优先排布在一起，功能之间的关联也有一定的次序性和因果性，所以，可以通过功能之间的关联强度和关联次序来决定功能的分布。

比如，苏州工业园区的总体规划是将中新合作的70平方千米分为三个相对独立的区域，每个区域均遵循如下规划布局原则，即从北往南依次为工业区、居住区、中心商贸区、居住区、工业区。可见，虽然主要区域定位为工业园区，但是合理布局的原则，中心是商业和商务，行政中心，中间圈层是居住区，最外围分布的是工业园区。这充分考虑到了各个功能之间的关联度。

其四，由功能的必要性决定的。有些功能在有些区位是必须具有的。所以，其具有一定的必须性。比如，大的住区需要配备教育、医疗等功能设施。

7. 产业层面策划

城市的起源源于工商业的发展。而蓬勃发展的各类产业也是城市发展最具决定性的因素和驱动力，产业也是一个城市经济发展中最活跃的要素。

城市的根本性就是城市的产业性，产业性带来了城市的功能性，带来了城市的功能分区，决定了城市的特性和城市发展的走向。所以，城市与区域的发展应以产业打造为根本。

区域开发和产业的关系有两种，一种是以产业为主导的区域开发，比如高科技园区，物流商贸园区等。一种是以产业作为辅助的区域开发，比如在旅游项目或者房地产项目的开发中附加如观光农业、现代养殖等辅助产业。这样，使区域的功能可以更加的丰富和多样，使区域开发更具有多个驱动力。

7.1 策略之一：注重产业生态系统的营造

在产业孵化、成长、聚集、扩张、升级的整个发展周期中，需要诸多的内部条件和外部条件的支撑。比如，资源优势、产业基础、人才素质、技术水平、核心企业、功能布局、基础设施、融资平台、市场需求、管理模式、创新机制、成长机制、生活质量、政策法规等。它们共同形成了一个产业发展系统的、有机的生态环境。这是产业生存和发展的母体。总体而言，这种产业生态环境可以分为微观环境和宏观环境两个部分。

所谓微观环境，是指区域内部的具体产业发展条件和因素，主要包括园区基础设施、组织结构、人力资源、政策管理、服务体系、创新氛围等方面的内容。所谓宏观环境，主要是指区域外部的产业发展条件和因素，主要包括自然条件、经济基础、技术水平、社会因素、政治法律和文化环境等方面的内容。

所以，产业的打造或产业园区的营造，除了注重核心企业和领导企业的带动作用外，更应该从产业发展的生态环境营造入手。

以国际上最著名的科技园区——硅谷为例：其一，从大环境而言，硅谷的发展与社会进步和科技发展趋势息息相关。特别在中后期阶段，其几乎就是当代计算机技术发展缩影；其二，硅谷具有良好的基础性资源。斯坦福大学所提供的设备、人才和科研成果，使硅谷形成了教学—科研—生产一体化的高技术产业区。其三，注重软环境和软实力。知识更新机制、企业孵化机制、支撑服务体系等为企业发展提供了多方位的促进力。其四，注重风险投资。科技和资本是产业发展的两个轮子，风险投资是硅谷高科技产业发展的助推器。其五，良好的企业协作模式。企业集群化、专业化、网络化的协作效应使园区保持了整体活力。其六，独特园区文化。硅谷所具有的鼓励创业、容忍失败、崇尚竞争、讲求合作、平等开放等精神特征形成了独特的园区文化。

所以，要保持长久的竞争力，从大环境而言，产业发展和产业园区发展必须建立在整体产业生态环境营造的基础之上。而从小环境而言、从企业需求的差异化而言，满足企业发展多元需求也是产业发展的必要条件。

比如，在企业发展的初级阶段，特别是高科技企业发展的初级阶段，各类企业孵化器的作用就特别重要和显著。武汉东湖新技术创业中心成立于1987年6月，是中国第一家高新技术创业服务中心，是中国孵化器事业的发源地。其专注于科技型中、小企业服务市场，持续打造完善后勤与商务服务、银行与非银行金融服务、教育与培训服务、中介与经纪服务等四个服务业态。

22年来，武汉东湖新技术创业中心已累计孵化企业681家，其中包括凯迪电力、三特索道等4家上市公司。创业中心首创性地提出孵化器产业化的理念，并以创业社区建设为方向，尝试产权式孵化器的新模式。同时，中心通过联盟孵化，构建华东、华北、华中、华南、西南市场接入服务中心，建立跨区域的孵化网络接口和共享资源平台，为国内外企业突破地域空间限制创造了更好的条件。

所以，产业发展或者产业园区营造，首先要关注社会发展变化的大环境、产业发展的大趋势，在注重领导性核心企业的进入外，也要着力搭建公共服务平台，打造优质的产业孵化基地，让入驻企业能够在良好的生存、发展、扩张环境中成长。

7.2 策略之二：注重产业定位上的战略性

如同生态链中各个生物占据的不同位置，产业也具有一定的产业生态位。要发展产业和产业园区，就要对核心产业进行界定和定位。产业的定位首先要依据产业发展趋势和产业发展格局。然后在此基础之上再确定产业是升级性定位策略、占位性定位策略、错位性定位策略还是补缺性定位策略等。

所谓升级性定位策略，是指对现有的产业进行升级、优化的一种定位策略。比如，东莞松山湖园区定位于对东莞制造行业的升级；占位性定位策略，是指占据某个产业链的某个领导性环节或者产业格局中关键性位置，比如，武汉光谷定位是一种要领军中国光电技术的占位策略，所谓错位定位策略，是指在相同或者相似产业的竞争格局中，和竞争对手相比有所偏重。所谓补缺性定位策略就是发现区域产业空白，满足市场需求。

升级性定位——松山湖产业园区

从小的方面来说，产业定位决定了一个产业园区的发展模式和发展远景。从大的方面来说，产业定位决定了一个城市、乃至一个国家的发展模式和速度。

20世纪80年代后期，印度政府制订了重点开发计算机软件的长远战略，并于班加罗尔建立了第一个计算机软件技术科技园区。以此为核心，软件产业逐步辐射到多个城市，形成了世界级有影响的产业集群。

从全球视角来看，许多城市和区域，甚至是原先很落后的城市和区域，而由于领先性的产业的带动，便很快脱颖而出，成为地区性乃至世界性有影响力的城市和区域。所以说，我们在进行产业定位时一定要注重其战略性作用和高度。

从产业发展的趋势来看，产业的发展也是与时俱进，不断进化升级的。当社会产业经过了工业化、后工业化以后，在三大类产业中都出现了新兴的、细分的产业分支。而一些战略性的产业，往往就是在新兴产业和高科技产业中产生。比如，数字技术产业、生物技术、创意产业、精致农业、低碳经济产业、信息产业、文化产业等等。

比如，江西新余，一个曾经鲜为人知的城市，由于地理位置差，难以聚集人才，配套设施薄弱，产业链不支持等原因，一直依靠传统的钢铁产业作为城市的支柱产业。而当时全年财政收入不过18亿元的新余市政府，为了城市产业升级转型，为第一家前来投资的光伏企业赛维征用土地、无偿提供了2亿元启动资金。

短短几年之后，光伏行业领军企业赛维已经成为全球多晶硅片订单最多的供应商，也是世界最大的独立太阳能级硅片供应商，并基本形成了“上游硅原料-铸锭-硅片-电池-下游组件、太阳能应用产品”完整的光伏产业链，并带动了产业园区光伏产业发展，使其不仅在国内，乃至在世界光伏产业发展格局中都处于领先地位。

新余的产业发展跳出了产业梯度化发展的一般模式，依靠新兴产业的后发优势，跳跃发展。迅速改变了区域经济，甚至改变国内、国际产业格局。这为更多相对落后、资源欠缺的内陆中小城市树立了一种跨越式发展的示范性模式。

新的生产方式和消费趋势中包含了巨大的商机。高科技产业、创意产业、文化产业等新兴产业中蕴含着巨大的发展能量。所以，它们往往是我们进行新区产业定位首先要考虑的重点。

7.3 策略之三：注重产业链的长度和宽度

哈佛大学波特教授认为：集群是一个地区长期竞争优势的一个重要来源。因为，集群中的企业能够获得专业化的要素，互动的增加可以使创新更加容易，技术的不断溢出也给别的企业带来利益。而打造和形成产业的集群效应关键是产业链的纵向长度和横向宽度的营造。

产业链条长度的延伸通常有以下三种模式：

第一种，商品轨迹模式。就是沿着一个商品从研发到最终消费的周期和过程中的各个环节来延长产业链条。比如，把研发、中试、生产、培训、销售、服务等各个环节组合成长产业链条。

第二种，供需链接模式。在产业聚集过程中，一个企业的产品是另一个企业的原材料，多个供应商和需求商之间环环相扣，通过供需关系链接在一起，组成了较长的产业链条。

第三种，产业嫁接模式。当两个或多个不同的产业，通过链接关联在一起，形成了新型的长产业链模式。例如，文化产业和数字产业对接成数字文化产业等。

比如，天津中新产业园区的国家动漫产业园具有五大主要功能：一是技术研发，研究制定动漫游戏产业的技术规划和技术标准；二是产业培育，开发动漫游戏产业下游产品，形成产业集群；三是服务平台，配备世界最好、最先进的动漫游戏制作装备，为全国动漫企业提供开放式的技术应用平台；四是展示交易，面向国内外客商展示动漫游戏产品，提供产品交易及工商税务等配套服务；五是国际交流，在项目交流、市场营销等领域开展国际性合作。这主要是通过产品轨迹方式，纵向组织产业的各个环节，从而形成较长的产业链。

产业链宽度的拓展一般包括以下两个层面：

第一个层面的宽度是指核心产业内容需要具有一定的宽度和广度。只有核心产业的内容具有一定的广度和宽度，具有族群效应，这样才能为整个产业提供更广泛、更坚实的基础支撑。

比如，文化产业，可以包含不同的文化种类和族群。其一，可以是影视、文学，演艺，民俗等大众性文化。其二，可以是石文化、酒文化、茶文化、玉文化等亚文化。其三，可以是娱乐文化、创意文化、体育文化，数码高科技文化等前沿性的泛文化。这些不同类型的文化可以共同组成一个更宽泛的、更具活力的文化产业族群，可以作为一个区域引入和发展的产业。

第二个层面的宽度是指整体由主产业和关联产业组成的产业链的横向宽度，一般来说，在明确产业链中核心产业后、还要聚集周边产业、辅助产业，衍生产业等组成相互协作的产业集群，并确保各产业之间能够形成良好的联动和对接。

创意之核——环球恐龙城

而常州创意产业基地除了主业之外，还在产业链拓宽方面有着独有的创新之举。常州创意产业基地以环球恐龙城为核心，以东经120大道为轴线，规划建设8平方千米，围绕“创意产业”、“主题旅游”和“时尚居住”三大核心职能，打造“中国知名的创意产业基地，中国重要的旅游目的地，常州时尚文化休闲住宅区”。对“动漫+旅游+文化居住”三大产业进行了横向关联。

常州创意产业基地后续发展数字文化主题旅游、动漫游戏文化体验、网络科技研发应用、体育电子竞技运动四大数字娱乐旅游产业，更是通过动漫和旅游两个产业之间的有机整合，拓展了产业链宽度，为基地发展提供多元的驱动力。

7.4 策略之四：注重产业的效能放大倍数

不同的产业对应不同的生产函数和不同的社会效应。

由于产业自身的特点，决定了其投入产出比的效益性，其作为核心产业对相关产业的聚合力，其对其他产业发展的促进力，其对社会和经济发展的影响力也是不同的。作为一个区域要发展的产业，应该具有很强的经济效能和社会效能的放大度。

比如，在现代经济发展中，金融业是联结国民经济各环节的纽带。作为一个低耗能、高附加值的产业，同时还发挥着资金融通的作用，对相关行业起着较大的促进和带动作用，对整个国经济发挥着乘数效应。

除了金融行业，会展业是现代经济发展中的一个新兴产业，它被看做是经济领域中对外开放的“窗口”，以及经济社会发展的“助推器”。据统计，广交会对广州经济的拉动系数约为1:13.6。因其广泛的影响力、高额的利润空间和巨大的潜力,会展业在世界各国得到了飞速发展。

会展作为一种新型的产业,目前形成了一定的发展模式,如“政府推动型”模式、“市场推动型”模式、“论坛推动型”模式、“专业市场+展览会型”模式和“内销与外贸结合型”模式等。适合于区域和城市发展的不同模式，显著地带动了区域的全面发展。

比如，广州琶洲国际会展商务区，位于海珠区东部琶洲地区，东邻科韵路，西临华南快速路，南临万亩生态果园，北临珠江。以广交会全面迁入广州琶洲国际会展中心为契机，做大做强“广交会”品牌，形成以会展业为中心、上下游产业和相关配套产业集聚发展的格局，把琶洲地区发展为集大型会展、国际商务、信息交流、行政办公、总部经济、观光旅游为一体的会展经济核心区，打造成世界级国际会展商务区，并拉动商贸、金融、咨询、酒店、旅游等配套服务业发展。

除了注重产业的效能放大倍数之外，还要考虑区域的领导性公司的聚集效应和杠杆效应。杭州的钱江新城在逐步成熟后，也吸引了众多的浙江有影响的民营企业，不少原来总部不在杭州的民企，现在都把总部搬迁过去。

这些大企业、大集团入驻以后，往往会带来周边物流、金融等相关产业的快速跟进，比如一家核心龙头企业，至少可带动数十家相关产业链企业的发展。而一批大型企业的进驻，将引来依托其生存的各类上下游及服务类企业。这对于一个产业的发展和壮大具有“催化剂” 式的作用，可以引发其他连锁反应的开发和投资。

7.5 策略之五：注重产业的合理空间布局

产业的选址通常是在考虑区位带来的产出效益和生产成本这两个因素而得出。而产业在空间上合理的布局一般有以下三种最常见的方式。

第一种方式，核心边缘布局。天津地处环渤海地区的中心位置，具有发展航空运输的优越条件。随着滨海新区被纳入国家“十一五”规划，天津机场航空货运枢纽中心的地理优势和市场优势日益显著。在扩建后的天津机场周边，将规划建设航空城，发展空港运输、航空科技、物流加工、商贸会展等产业，形成临空产业区。辅助产业、相关产业和衍生产业将围绕核心产业形成向心性布局。

第二种方式，带状布局。这种空间往往明显有一个增长轴线，或者有一个自然的带状空间肌理，比如产业围绕河岸或湖岸来布局，形成带状布局。

128公路是美国马萨诸塞州波士顿市的一条半环形公路，距波士顿市区约16千米。1951年，州政府对128公路进行了扩建，把大波士顿地区的20多个城镇连成一线，为方兴未艾的研究和工业活动开辟了新的空间。现在128公路沿线两侧聚集了数以千计的从事高技术研究、发展和生产的机构和公司，成为128公路高技术区，是世界上知名的电子工业中心。

第三种方式，多组团布局。在一个大的主题下，产业布局形成并列的多组团、多中心、多功能的空间布局模式。它们就像是蜂巢一样，多个并列单元组成一个大的体系，实现整体的定位目标。

天津滨海旅游区南至永定新河入口，北至津汉快速路，西邻中新生态城，东临渤海。总规划面积为99平方千米，其中陆上28平方千米，海上面积71平方千米，围海造陆52平方千米，保留19平方千米海域。

滨海旅游区城市功能规划为“一心四区”。一心为城市中心岛，与生态城中心呈轴线联系，以城市生活和综合服务为主，是未来城市的交通枢纽和商务中心；四区分别为打造国际级欢乐创意中心的主题公园区，发展以休闲度假为功能的休闲总部区，研发产业南区以及研发产业北区。“一心四区”的布局就是多组团布局。

最基本的往往是最有用的，核心边缘布局、带状布局和多组团布局是最为常用、效益较高的三种。除此之外，还有哑铃型布局方式，同心圆布局方式，矩阵式布局方式、网络式布局方式等多种方式。不同的布局方式适合不同的区域开发类型，不同的布局方式，也有着各自的优点和缺点，应根据区域开发的具体情况而区分应用，还可以把几种布局方式结合起来混合使用。

8．引擎层面策划

区域开发的动力，主要来源于两个方面：

一个方面，区域开发动力主要是来自内部的、自下而上的驱动力。比如，通过区域内部土地、资产的升值或开发来带动区域的发展。另一方面，区域开发动力主要是来自外部的、自外而内的驱动力。比如，外来优势产业或者高端产业的导入，交通或其他发展条件的改善等都促使了区域开发。

区域开发引擎策划是区域开发策划中的关键的环节。它关系到项目能否顺利启动和长久发展，具体来说，区域开发引擎具有以下三个方面的主要作用：

其一，它起到孵化器的作用。在一个区域，特别是陌生区域的开发，为了保证项目能够顺利启动，开发引擎必须具有强大的生命力和孵化力。其二，它起到放大器的作用。引擎具有四两拨千斤的放大效应，能够以较小的投入撬动更多的资源，或者换取更大的效益。其三，它具有聚合器的作用。它能够起到聚合其他产业和资源的作用，从而促进区域的快速发展。

归纳起来，这些区域开发的驱动力主要分为以下八类。

8.1 模式之一，软性驱动引擎

20世纪90年代初，哈佛大学教授约瑟夫·奈首创“软实力”（Soft Power）概念，从此开启了研究与应用“软实力”的热潮。正如约瑟夫·奈所言，“硬实力和软实力同样重要，但是在信息时代，软实力正变得比以往更为突出”。

这种软实力的概念，也被应用到城市与区域的开发和运营中来。比如，城市软实力，是指建立在城市文化、政府服务、居民素质、形象传播等非物质要素之上的社会凝聚力、文化感召力、科教支持力、参与协调力等各种力量的总和，是城市社会经济和谐、健康、跨越式发展的有力支撑。

2008年6月，由《瞭望东方周刊》联合复旦大学国际公共关系研究中心、中国市长协会，在全国范围内首次进行了中国城市软实力调查。本次调查涵盖了城市软实力的十个大指标，包括文化号召力、教育发展力、科技创新力、政府执政力、城市凝聚力、社会和谐力、商务吸引力、形象传播力、区域影响力和信息推动力。

西部中心城市西安十大指标得分全部进入全国非直辖市前10位，其中教育发展力排在第一位，区域影响力排第二位，文化号召力和商务吸引力排第四位，城市凝聚力排第五位。这个调查结果反映了西安差异性的城市优势，也正是西安所具有的突出的软性发展资源和条件，为企业发展、特别是高科技企业营造出了良好发展的环境，吸引了包括世界500强在内的诸多大型国际性企业的投资与合作。

西安高新区科技园效果图

比如，西安高新区已聚集了980余家软件服务外包企业，其中包括英特尔、富士通、NEC、IBM、神州数码等全球有影响力的知名企业。2011年4月8日，IBM智慧城市解决方案研发中心落户软件新城。规划总占地面积7平方千米的软件新城全面建成后，将成为汇聚千家国内外知名企业、20万从业人员、年产值过千亿的中国“软件之都”。

从更具体的层面来讲，一个区域的产业导向机制、资源配置机制、开发鼓励措施等管理模式和政策设计也是一个区域重要的软实力的体现。比如，深圳从一个小渔村通过短短20年就发展为一个现代化的大都市，成为世界城市发展史上的奇迹，这与其享受到的特别政策有很大关系。而苏州工业园区的良性发展，与其引入的新加坡管理模式也是息息相关。

8.2 模式之二，土地驱动引擎

土地驱动模式是指：政府或者区域开发商，对于征用或者拥有的土地，进行基础设施建设、功能重新定位，实施新的发展规划、进行概念包装等工作，将土地由生地转化熟地，促使土地价值的递增，然后进行招商引资，实现土地收益的最大化。

比如，南京外秦淮河整治的投融资计划，就是将基础设施建设和周边的土地开发结合起来，将基础设施条件改善后带来的土地升值收益，主要用于基础设施建设，形成城建资金的良性循环。

云南城投是典型的区域运营商，其与政府签署的昆明环湖东路沿线土地一级开发项目主要包括：环湖东路云南城投段建设工程、昆明湖滨生态城、新昆明未来城天堂岛等项目。云南城投采用一二级联动开发模式，可以多次对土地价值进行放大。这个过程主要分为以下三个步骤：

第一步，一级开发盈利。公司与昆明市人民政府对一级开发范围内的土地出让收益实行分成。公司可按土地出让纯收益的50%获得收益。并且，如果公司按以上方式所提取的收益不足全部土地的一级开发总成本的5%时，政府将保证向公司另行支付差价款。

第二步，土地包装升值。对环湖东路沿线土地根据不同的特点进行土地的概念包装。比如，规划昆明湖滨生态城、新昆明未来城天堂岛等项目，勾勒出美好的开发前景，有利于土地的直接出售或者土地上所开发物业的出售。

第三步，二级开发盈利。云南城投目前几个大项目均涉及土地一级开发转向二级开发。云南城投在一级市场上取得利润后，可以投资到二级地产市场的开发中，在二级市场上通过出售住宅或商业产品获得盈利。

这种一二级联动方式，一方面可以使云南城投获得多级利润，另一方面，可以使城投公司取得优先拿地权，具有一定的独特优势。

8.3 模式之三，主题驱动引擎

项目主题往往是项目定位的一种表现，也是项目功能的一种表现，

主题地产可以分为：以体育运动为主题，比如高尔夫地产、奥运村、亚运城；以旅游休闲为主题，比如江南古镇、徽派村落等项目的开发；以会展会议为主题，比如上海世博会，博鳌论坛，云南园艺会等；以产业为主题，比如动漫产业、创意产业园等。这些都可以作为一个区域发展的驱动力。

在一个主要的、大方向的主题之下，往往还要有分主题的相互补充、相辅相成。而一个分主题之下，往往又有许多更细分的子主题进行支撑。

东部华侨城效果图

东部华侨城，位于中国深圳大梅沙，占地近9平方千米，由华侨城集团斥资40亿元精心打造。东部华侨城以“让都市人回归自然”为宗旨，形成了大侠谷、茶溪谷和云海谷三大主题园区，两个山地高尔夫球场、三座主题小镇、四家主题酒店、四台主题演艺、主题地产和主题佛教园区等旅游内容。项目集生态旅游、休闲度假旅游和户外运动旅游为一体，在旅游产品创新的理论和实践上实现了一种战略性突破。

由于具有鲜明的主题性，这样的项目更能对自己所定位的消费者产生强烈的吸引力。而各个分主题又包容了多元而丰富的功能和内容，实现了客户全方位、多元化的体验需求和消费需求。

8.4 模式之四，功能驱动模式

功能产生价值。一个区域的主要功能决定了此区域的基本价值。

一个区域或者板块的功能主要有它所处的空间区位、资源属性、交通条件、产业基础以及在整个城市功能格局中所处的位置等因素决定的。而区域功能是区域开发最重要的驱动力之一。

华南城效果图

华南城规划占地150万平方米 ，建筑面积220万平方米 ，总投资50亿元。建成后的华南城将成为全国规模最大、品种最全、现代化程度最高的工业原材料及产品展示交易中心、综合商贸物流中心和高端生产服务业基地。

华南城八大功能主要包括：功能一，供应平台。可以降低企业原材料成本与创新成本。功能二，销售平台。可以便捷完成大批量商品的交易，实现现金流。功能三，信息平台。网络交易平台给产业可提供更多商业机会。功能四，服务平台。提供与产业与生活相关的公共服务系统。功能五，品牌平台。帮助企业完成企业品牌和产品品牌打造。功能六，设计中心。提供产业链条中的设计、咨询等最高端业务。功能七，会展中心。帮助企业尽快在整个行业内获得各种信息和机会。功能八，物流中心。解决商品的流通、仓储、保管等各种需求。

华南城的产业平台功能，满足了深圳乃至珠三角工业产业链转型升级的迫切需求。整体而言，华南城不仅仅是一个工业原材料的交易中心，而且通过丰富而领先的功能组合，完成了对整个产业链生产要素的重新整合。

8.5 模式之五，产业驱动引擎

产业是城市发展的根本，城市的根本就是城市的产业性。

产业性带来了城市的聚合性，也带来了城市的最原始的功能分区。一个区域的主导产业决定了这区域主要的生产、生活模式。所以，产业决定了区域的基本性格和区域发展的基本走向。

所以，产业的发展和城市的发展息息相关。例如，资源型城市由于资源日益枯竭，产品市场逐渐萎缩所带来的城市产业转型和升级是中国乃至国际上都面临的重要课题，这些城市的产业升级和产业转型成为城市二次发展的关键。

比如，德国鲁尔区是世界上最大的工业区之一，早期以生产煤和钢铁为主，其发达的工业基础是德国发动两次世界大战的物质保证。战后其又在西德经济恢复和经济起飞中发挥过重大作用。

但在20世纪60年代、70年代，由于廉价石油的竞争，这里先后遭遇“煤炭危机”和“钢铁危机”，使鲁尔区经济接连受到严重的影响，并使城市的可持续发展受到严峻挑战。为此，政府积极采取措施，希望通过经济结构变化和产业转型，促使鲁尔区从发展的低谷中重新崛起。

鲁尔区的功能转型始终把创新放在重要位置。它把各个城市的历史资源激活起来，把文化保留下来。让历史和文化成为城市独特的差异化卖点。比如，把工厂变成一个艺术馆，人们在废弃的工厂里举办上万人参加的大型音乐会；把以前的车间变成大型餐厅，给周边居民带来更多的就业机会等。正是由于创新，使鲁尔区许多地方由原来的矿山变成了公园。

而曾经是世界上最大、最现代化的煤矿工业区——埃森市，如今已经逐渐被改造成了一个艺术、创意和活动中心。2001年，埃森市被联合国教科文组织列入了世界文化遗产名单，其还是2010年“欧洲文化首都”之一。

在政府和社会各方面政策、资金和技术等的大力扶持下，鲁尔区通过自我更新和转型，已经从原来的“煤钢中心”逐步转变为一个传统产业与信息技术、生物技术等“新经济”产业相结合、多种行业协调发展的新经济区。

8.6 模式之六，资源驱动引擎

广义的资源是指一切可以利用的因素，是解决问题和实现目的的凭借。

而狭义的资源，是指景观资源和历史文化资源。在很多情况下，这些景观资源和历史文化资源往往是融合交织在一起的。有些区域性项目开发，最基本的依托就是景观资源或者历史文化资源。

比如，安徽省黟县西递、宏村作为中国皖南古村落的杰出代表，靠山面水，具有良好的自然景观资源。它们作为徽州文化和徽派建筑最具典型地方传统特色的古村落，其“布局之工，结构之巧，装饰之美，营造之精”令人赞叹，具有良好的人文资源。

在拥有丰富而独特资源的基础之上，宏村的开发成功探索出一条以“政府主导、市场运作、群众参与”的遗产保护管理与开发利用的新模式。

1997年，中坤公司在宏村项目上投下了一期400多万元资金。公司采取保护性开发的模式，邀请清华大学陈志华教授对宏村古村落进行规划。宏村在经过建设和包装后被誉为“中国明清博物馆”。1998年，中坤集团与政府合作，又申请将其列入联合国教科文组织“世界文化遗产名录”。

2000年，世界遗产委员会高度评价道：“西递、宏村这两个传统的古村落在很大程度上仍然保持着那些在19世纪已经消失或改变了的乡村的面貌。其街道的风格、古建筑和装饰物以及供水系统完备的民居都是非常独特的文化遗存。”

2000年，申遗成功后，当年宏村的门票收入达到127万元，比1997年门票总收入增加了6倍以上。2001年，以宏村等皖南古村落为主要外景地的影片《卧虎藏龙》荣获奥斯卡四项大奖，这使宏村在短时间内具有了更广泛的国内和国际知名度。截至2009年，宏村仅门票收入就已超过了5000万元。

随着宏村知名度的提升，中坤集团又在景区周围进行地产项目开发，在宏村周边陆续投资10亿元建设了奇墅湖国际度假村、奇墅仙境大酒店、中城山庄等多个度假地产项目，形成一个庞大的旅游度假地产项目群。

这种景区+地产的开发模式，几乎成为旅游地产开发的一个范本。而项目的成功开发的最主要原因，是得益于其所具有的优异的景观资源和文化资源。

8.7 模式之七，交通驱动引擎

交通驱动模式，在最初是指以公共交通为导向的开发方式（transit-oriented development，TOD），这个模式要求在规划居民或者商业区时，在社区外部应实现公共交通的使用最大化，将商业、住宅、办公楼、公园和公共建筑设置在步行可达的公交站点范围内，社区内部尽量采用步行交通系统，将居民区多种类型、密度和价格的住房连接起来。

而现在TOD这种开发模式的含义会更广。比如，各大城市的地铁建设往往由于投资巨大而很难盈利，政府多为此背负了沉重的负担。而南京地铁在建设过程中，开拓了包括土地变现、房地产开发、上盖物业租赁、关联产业延伸等在内的7个融资渠道。

按照这个方案，开发公司将在地铁沿线储备1万亩土地，通过土地升值来获得地铁的建设资金。而其间可能的市场风险由地铁公司承担。除了土地带来的房地产开发、上盖物业等资源，其他还有关联企业的费用交付、票务等收入来源。经过测算，南京在5年内建成80千米地铁，建设开发100万平方米的上盖物业，收益可望超过5亿元，实现零亏损，完全可以保证地铁工程的完成和可持续发展。

在地铁启用后，每年广告收益达4000多万元，地铁内银行付费470万元，通信收费670万元，移动电视视讯收费800万元，再加上其他各类收入，总收益达到了1.82亿元，而同期运营的成本不过1.6亿元。不计还本付息和折旧费，南京地铁在开通试运营的第一年里，将盈余2000多万元。

TOD模式还往往应用在尚未成熟的区域开发中，一般是通过先对发展区的用地以较低的价格征用，然后导入各类公共交通，比如空港、高铁等，促使区域的土地升值、实现区域人口与产业导入等。

比如，顺义空港城规划区包括了天竺、后沙峪两镇行政范围，面积为86.5平方千米。该区规划到2015年，总人口15万人，建设用地总面积约20平方千米。

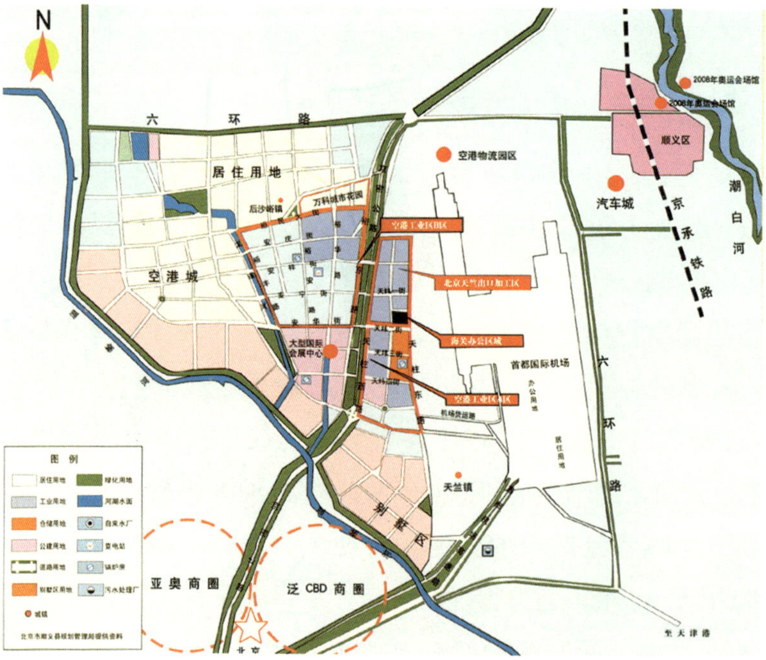

顺义空港城区域规划图

空港城依托首都国际机场，已经形成五大临空产业集群。空港高科技产业群落：包括空港工业区、北京天竺出口加工区等；现代制造业产业群落：包括北京汽车生产基地、林河工业区等；都市型饮料食品产业群落：包括燕京、汇源、鲲鹏等企业聚集于此；现代服务业产业群落：包括空港物流基地、潮白河旅游休闲产业带、温榆河绿色生态走廊等；现代农业产业群落：包括三高农业示范基地等。顺义区将临空经济区建设成为首都发展的重要增长极。

在交通方式的改变，交通条件的改善中，往往蕴含着极大的价值。宏观上来看，有些城市，比如郑州、株洲等都可以说因交通发展而崛起的城市。而一些新兴板块，比如，在武广高铁沿线，众多城市的武广板块的发展也得益于高铁的强大带动作用。

8.8 模式之八，行政驱动引擎

行政驱动模式是政府通过社会服务设施建设引导的开发模式。即城市政府通过规划将行政或其他城市功能进行重新定位或者迁移，使新开发地区的市政设施和社会设施同步形成，这一方面加大“生熟”地价差，另一方面吸引各方投资的进入，从而获得区域超长发展。

长沙市省政府的南移，省科技馆、省群众艺术馆、省地质博物馆、省青少年活动中心，“三馆一中心”的高标准市政文化配套也随之建设。这促成新省府板块的形成。该板块以其长沙未来CPD（中央政务区）的地位，享有丰富的文化与教育资源。

同样，长沙市市政府的搬迁也迅速带动新区公共设施改善，其周边交通的改善尤其显著，所有配套都是高规格起点。通过政府的先导示范，规划引导，增加社会公众以及开发商对地块开发的价值预期，提升区域的土地价值，进而吸引房地产开发和其他配套开发。

一南一北，一东一西，省府板块和市府板块的建设，一方面腾挪出旧城的发展空间，一方面强化了新城的发展动力，从而快速地改变了长沙城市空间的发展格局。

这种行政机构的外迁，已经是中国绝大多数城市开发建设的一种选择模式。有些政府机构的迁移行动有时具有强烈的指引性作用。

比如，1992年，西安高新管委会诞生于高新路火炬大厦，带动了高新区最初启动区的建设和以高新路沿线发展纵轴的形成；2004年，管委会入驻科技路创业广场，促使高新区发展横轴——科技路沿线区域的崛起；2007年，为全力建设世界一流科技园区，西安高新区管委会永久进驻城南锦业路都市之门，促成高新区CBD进入发展的快车道。

西安高新区管委会的搬迁，是其新址区域进行大规模开发的前奏，带动了新址所在区域的价值跃升和快速发展。所以，这种政府重要机构的搬迁，重大规划的确定，对于区域往往具有“价值风向标”和“价值图章”的作用。

8.9 模式之九，能级驱动引擎

区域和城市在发展过程中，呈现非均衡发展的态势。不同的区域和板块具有不同的能级。高能级区域往往会对低能级区域产生驱动力。

能级理论的一个重要分支是增长极理论。增长极理论认为，在一个区域或者城市中，其中有些地点、板块和区域，会成为城市发展过程中率先发展或者加速发展的增长极和增长轴。这种增长极分为空间上的、人口上的、经济上的增长极等。通过极化效应与扩散效应，增长极逐步形成并壮大，并会带动周边区域的全面发展。

20多年前，还是一片郊区田野的广州天河区为何能迅速地成长并享誉全国。这是因为城市发展的非均衡性，导致了城市价值裂变的方向在不同板块和区域是不同的，而准确选址于城市发展极和增长轴的方向，是地产项目获得价值增加、借势城市发展的必然之路。

而对于苏州来讲，苏州的城市空间发展采用分而治之的策略，对苏州古城采取保护性开发策划，保留原有的历史文化景观风貌。而在城市的东西两翼，营造城市新的增长极，一个是苏州工业园区，一个是苏州高新技术产业园区。通过两翼的两大增长极，带动苏州走向新的发展之路。

能级理论的第二个分支是“核心—边缘”理论，核模型认为核心和边缘是社会地域组织的两种基本要素，核心区(Core Regions)是创新变化的主要中心，而它周围的地域则组成了边缘区(Peripheral Regions)，边缘区的发

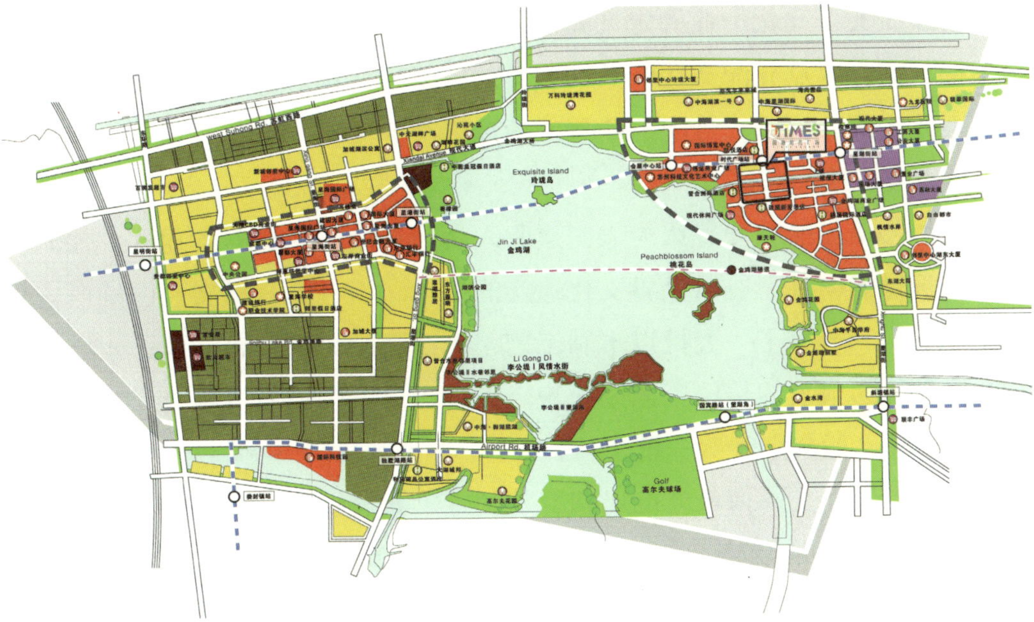

苏州工业园区规划图

展依赖于核心区，并在很大程度上由核心区的体制(Institutions)所决定。

创新从核心区传播到边缘，核心与边缘间的交易、咨询、知识等交流不断增加，从而促进边缘区的发展和整个地域空间系统的发展。随着扩散作用加强，边缘区进一步发展，有可能形成次级的核心。

一般而言，在开发的初期，作为“边缘”的开发区域可以接受“核心”区域的辐射和支撑，从中汲取成长的动力，比如西安老城区为西曲江新区开发提供基本的资源支撑；在开发中期，区域内部优先发展起来的核心板块可以向区域内部的边缘板块进行辐射和支撑。比如，西安曲江新区一期为西安曲江新区二期提供发展的支撑和动力；在开发的后期，开发区域可以作为“核心”向周边“边缘”其他区域进行辐射和支持。比如，西安曲江新区可以辐射和支撑更边缘的长安区。

8.10 模式之十，文化驱动引擎

文化产业，这一术语产生于20世纪初。最初出现在霍克海默和阿多诺合著的《启蒙辩证法》一书之中。它的英语名称为Culture Industry。联合国教科文组织关于文化产业的定义如下：文化产业就是按照工业标准，生产、再生产、储存以及分配文化产品和服务的一系列活动。这是从文化产品的工业标准化生产、流通、分配、消费的角度进行界定的。文化产业可以作为一个区域开发的引擎。

比如，丽江的管理者认为靠门票收入是最初级的旅游开发模式，他们对文化挖掘得很彻底，有着世界文化遗产的头衔，而且把东巴文化、纳西古乐都充分利用，产生了一大批以木制工艺、东巴蜡染、纳西布挂画、东巴纸、铜制器具等为代表的传统工艺经营户，涌现出了大研纳西古乐会、东巴宫股份有限公司、丽水金沙等一批文化企业。

而在世纪之交，西班牙的巴塞罗那制定了新世纪第一个10年文化发展战略，在其文化发展战略规划报告中甚至高度强调“城市即文化，文化即城市”，把文化提升到战略高度。

巴塞罗那总结该市从20世纪50年代以来的发展历程后认为：该城市经历了三大转型，第一次在1980年代发生的是“政治转型”，形成了民主的市议会，第二次在1990年代发生的是“经济转型”，完成了从工业城市到服务城市的结构性转变。而新世纪将开始第三次“转型”，发展的重点在于内容、知识和可持续发展，而文化在新世纪的这次转型中更将发挥主导性作用。

为了实现“知识城市”的发展远景，巴塞罗那提出了六大发展战略：①强化巴塞罗那作为一个文化内容生产“工厂”的能力；②使文化成为社会凝聚力形成的关键因素；③要使巴塞罗那融入数字化文化潮流；④要动态保存文化遗产；⑤要充实非凡大都市的文化空间；⑥要发挥巴塞罗那作为一个国际文化交流与推广平台的作用。

当今，文化作为人类所创造的物质财富和精神财富，其作用越来越受到政府、企业等各方面的重视，文化产业的发展也日新月异，逐渐成为重要的新兴产业和社会发展的驱动力量。

8.11 模式之十一，更新驱动引擎

更新是区域或者城市自我成长的模式。这种成长的动力，既有来源于内

部的区域本身自我升级、自我改造的需求，也有来源于外部的重新价值挖掘，价值放大的需求。

城市更新包括硬件和软件两个部分。其具体内容可以概括为：

城市属性定位和功能定位的更新和确立；城市空间分析和城市空间形态的再造；城市产业结构的调整与主导产业的选择；城市人口就业场所和居住空间的再造和更新；城市公共设施和公共资源的再造和更新；城市道路交通系统的再造和更新；城市景观资源和人文资源的保护和继承等。

蛇口城市更新规划效果图

30年前的深圳蛇口是中国改革开放的发轫之地，30年后招商局再造新蛇口，其准备在未来5~8年再投资600亿元，完成整个蛇口的升级和改造，这一再造包括海上世界城市综合体、太子湾邮轮母港、蛇口网谷等三大主要项目。

海上世界城市综合体项目包括现有5万平方米综合商业，以及规划中的70万平方米新建项目，将建成包含集会议展览、商务办公、酒店、公寓、餐饮、娱乐等于一体的海滨综合国际社区；太子湾油轮母港将包括15万吨级大型国际邮轮泊位，建成后将使深圳成为世界先进邮轮的交通港口，以及国内甚至国际著名的邮轮旅游中心。蛇口网谷项目将打造深圳乃至国内最具影响力和竞争力的互联网产业基地，预计2015年园区企业总产值超过300亿元。

蛇口更新通过空间整合和优化释放空间资源，实现了蛇口产业结构调整升级，营造了多元而丰富的城市功能，提供了综合性的宜商宜居的城市环境，对提升区域整体功能和价值具有重要意义。

8.12 模式之十二，复合驱动引擎

随着区域开发规模的进一步扩大，为了使项目获得充沛的发展动力，我们往往需要从更多的角度来考虑项目的出路。所以，区域开发往往会引入产业、交通、文化等多元引擎，策划者可以根据区域的具体情况，可以复合地使用多种驱动引擎。

第一种复合引擎的使用方式，是在区域开发的同一个阶段同时使用多种引擎，形成多引擎驱动的模式，比如，景观资源驱动和会展产业驱动可以在区域开发前期同时使用。

博鳌水城位于琼海市博鳌镇，濒临南海建设项目规划面积达40多平方千米，其中水域面积8.5平方千米，完全是按照原始生态与智能信息技术完美结合的原则进行开发建设的。项目区内，拥有迷人的热带风光，融江、河、海、山麓、岛屿于一体，集椰林、沙滩、奇石、温泉、田园精华。

博鳌中信千舟湾项目效果图

开发后的东屿岛建有一座国际一流的"博鳌亚洲论坛"会展中心。建成后

的博鳌水城将是一个集国际会议中心、海滨温泉度假中心和高尔夫休闲康乐中心于一体的国际性旅游度假胜地。所以，博鳌水城采用了会议论坛、景观旅游，运动休闲等多引擎带动的模式。

第二种复合引擎的使用方式，是在区域开发的不同阶段使用不同的驱动引擎。就像是接力赛一样，不同的驱动力依次、交错推动项目开发。比如，在前期可以使用资源驱动模式，在中期可以采用产业驱动模式，在后期可以采用能级驱动模式等。

从使用的过程来看，有的驱动模式主要应用在某一阶段，比如土地驱动模式往往应用于开发前期。而有些驱动模式可以贯穿区域开发的整个开发过程，比如行政驱动模式，在前期可以以政府规划的形式出现，在中期可以用政府相关政策和优惠措施来培育产业等。所以，各种驱动模式的多种组合，可以形成多元的、复合的驱动力系统。

9．运营层面策划

区域开发的运营过程是一个系统工程，其主要包括：开发模式设计、核心产业定位、土地、资金等资源获取、盈利模式设计、核心功能营造、开发分期模式、管理制度设计等多个方面。

区域开发的每一个环节都可以为区域创造和赋予价值。所以，每一个环节对于策划人来说都是每一次的价值放大机会。运营方式和模式的不同，运营的具体执行实施不同，那么区域开发所产生的效果和价值也是完全不同。

下面以西安曲江新区的开发过程为例对区域运营作简要阐述。

9.1 初期运营阶段：开发模式设计

西安曲江新区以闻名中外的大雁塔和曲江皇家园林遗址为中心，近期规划面积15.88平方千米，远期规划面积47平方千米。新区是西安市城市中心区的重要组成部分，也是西安城市建设的重点区域。2007年8月，西安曲江新区和深圳东部华侨城成为首批“国家级文化产业示范园区”。

曲江新区一期效果图

曲江新区一期的功能定位可以概括为“一心、两带、三轴、四区”。其中，“一心”是指以大雁塔为整个曲江的核心；“两带”是指贯穿整个新区，宽100米的唐城遗址保护绿带，分布在绕城高速两侧共100米宽的绿化景观带；“三轴”是指雁塔南路旅游商业发展轴线、芙蓉东路生态休闲发展轴线和曲江大道景观轴线；“四个功能板块”是指唐风商业板块、旅游休闲板块、科教文化板块和会展商务板块。

从其一期的规划中我们可以看出：曲江新区在依托历史人文资源、区位优势的基础之上，建构了一批内涵丰富、示范性强、市场前景广阔的文化旅游项目，并整合优质文化资源，积极拓展文化产业门类，形成相互依托的文化产业集群和体系。

所以，曲江新区发展模式的核心被概括为“文化+旅游+城市”。即依托历史文化遗产，整合相关资源，通过创意和策划，启动和实施多个重大文化项目，打造旅游景区，把资源通过文化演绎、文化创意的方式，转化为文化产品，形成文化旅游集群，并通过企业的聚集做大产业集群，做长产业链，培育大集团，最终实现了城市价值的营造和提升。

曲江模式，是一种文化经济模式，是以文化为推动力，以城市经营为手段，达成文化、商业、旅游的有机结合，是中国城市化进程中文化与城市互相促进的成功范例。

9.2 前期运营阶段：核心资源获取

区域开发的前期运营，主要包括空间规划的制定、土地资源的获取、区域属性的确定、开发主体的确定、资金的筹集、主导产业的确定、项目招商工作的展开、开发次序的确定等。

而在这个阶段需要获取的核心资源有三个方面，其一是土地资源，这是所有开发项目所必须具有的最基本资源；其二是开发主体以及合作伙伴的确定，包括前期的合作开发伙伴和后期的商业运营伙伴，这是解决“由谁做”的问题。其三是资金，不管是在区域开发、还是房地产开发中资金都扮演了血液般的重要作用，是一种关键性资源；这三者是区域开发初期必须具备的基础性资源。

整体而言，曲江新区对于基本资源的获取依照“以地生财，自主配套，负债开发，收支平衡”的原则，为此，曲江新区管委会为新区开发制定了新的开发流程：Step1征地→Step2举债→Step3市政配套→Step4招标拍卖挂牌→Step5卖地→Step6项目规划策划→Step7招商→Step8项目管理。其中，土地储备中心负责第1、2、4项业务，地产开发局负责第3、5项业务，规划局负责第6项业务，招商局负责第7项业务，经济发展局负责第8项业务。这个模式有力地促进了三大核心资源的获取。

其一，在土地方面：五年来，依托国际国内大资本，曲江新区对13个城中村实施大规模改造，成功实施了大雁塔村等5个村整村拆迁，拆迁面积140万平方米。在新区的核心区域内，高标准地建设了新型安置社区。还采取自愿和股份制的形式，组建公司，促进农民创业，使农民变居民，村民变股民，保证村民能够分享到城市发展的收益。通过城中村改造，3000多亩存量土地被盘活，这样就解决了区域开发所需的土地资源这一关键要素。

其二，在开发主体和合作伙伴方面：在政府主导开发的同时，曲江新区通过建设城市基础设施和景观环境的改造，城市品位和城市价值也得到了充分的展示，从而吸引了一批国内知名企业和投资商。其中，中海集团在曲江投资100亿元，全面参与城中村改造、城市配套和社区建设。金地集团投资100亿元，参与曲江池遗址公园、城中村改造和周边土地开发建设。这样，曲江新区不仅找到了战略合作伙伴，也相应地解决了部分开发资金问题。

其三，在资金方面：一方面，曲江新区通过土地的出让来解决开发的基本资金需求。另一方面，作为政府开发的主导机构——西安曲江文化产业投资集团，运用整合资源、项目捆绑、委托经营、土地划拨和资本运营等手段，不断增强投融资能力，扩大资本总量，先后与多个国家和地区的开发商结成了战略投资伙伴关系，为筹措文化产业发展资金提供了有力保证。

在融资创新方面，由西安曲江管委会和国开金融有限公司共同发起设立了西安开元城市发展基金，这是国内第一个以城市发展为主题的产业投资基金，该基金采取“基金＋公司”新模式，首期募集资金30亿元。该基金投资范围主要为曲江管委会管理开发区域内的曲江新区扩展区、临潼国家级旅游休闲度假区、大明宫遗址区等城市基础设施建设和土地开发等项目。

9.3 中期运营阶段：核心功能营造

区域开发的中期运营，是核心功能的营造和核心产业的打造。

曲江新区按照“人文西安”的城市主题定位，陆续投资230亿元修复打造了大唐芙蓉园、曲江遗址公园、大唐不夜城、曲江国际会展产业园区、秦二世陵遗址公园、汉唐壁画艺术博物馆、秦文化博物馆、陕西艺术家画廊、寒窑遗址公园等旅游文化品牌，唐文化浓郁的大曲江文化景区已经盛大展现。

2002年以来，曲江新区组建了曲江文化产业投资集团、曲江影视集团、曲江会展集团、曲江演出集团、曲江文化旅游集团、大明宫投资集团等六大产业集团，成为曲江文化产业发展的主力军。

曲江新区依托大项目带动战略，创造了银企合作、文化产业大发展的曲江模式。2002年以来，曲江新区仅对文化项目和文化企业投资累计就达到105.7亿元，形成了包括旅游、会展、影视、演艺、出版传媒、文化商贸等六大产业门类，初步形成了以六大文化企业集团为依托的跨区域文化产业集群。

目前，曲江一期已经形成了总面积20万平方米的曲江创意文化产业聚集区，聚集近800家文化企业，涵盖了会展、影视、演艺、动漫、出版、传媒、网络、美术、创意设计和广告等20多个门类。

为了扶持文化产业的发展，新区依托产业聚集区，实施文化产业“星火”计划，推出“基金+担保+风投+税补+房补+个税奖励”政策，这六大举措的推行，构筑起全国最佳文化产业发展孵化平台，为区内文化企业发展提供全方位扶持和培育。

而且，曲江文化产业扶持基金、曲江文化产业投资担保公司、曲江文化产业风险投资公司联合打造出了三位一体的文化产业投融资平台。2010年累计发放文化扶持基金2亿元，有力地促进了产业的发展。

9.4 后期运营阶段：价值成长裂变

后期的运营是一个空间拓展、产业壮大、价值裂变的过程。

根据《曲江新区扩区发展规划》，曲江新区将在现有面积20.57平方千米的基础上，新增20.4平方千米，面积增加一倍；新扩区域预计总投资120亿元，2015年建成后，预计每年可增加游客1000万人次，增加旅游收入30亿元，文化产业增加收入30亿元，新增就业岗位6万个。这对于进一步拓展区域发展空间，培育新的经济增长点，促进西安文化产业跨越发展具有重大意义。

扩区后的曲江新区将以多板块联动发展为城市发展模式，以汉唐历史遗迹为核心，形成“两轴两心多片区”的空间结构。 规划贯穿了“唐城-汉苑”的规划理念。以汉唐文化为城市生长脉络，一期形成沿大雁塔、雁塔路、曲江为核心的要素集聚，形成“唐城”城市特色。二期转变成以杜陵及杜陵原为核心的城市结构演替，以汉上林苑、汉杜陵邑为文化基因，以“里坊+聚落（邑镇）+遗址公园”的形态成为空间载体，支撑曲江新的发展。

随着曲江二期文化产业园的相继启动，曲江文化产业展现出“一期文化创意产业集群化发展、二期文化产业园规模化发展”的产业格局。

曲江新区二期总体规划效果图

曲江新区以扩区为契机，在规模初具的曲江文化景区基础上，规划建设出版传媒产业区、国际会展产业园、国际文化创意区、动漫游戏产业区、文化娱乐产业区、国际文化体育休闲区、影视产业区、艺术家村落等九大文化产业园区，其目标是打造一个规模最大、效能最优的国际一流文化产业园区。

到2015年全面建成曲江国家级文化产业示范区。规划指出要将曲江发展为国家文化创新引擎和出口基地、西部文化资源整合中心及文化企业孵化器。

第二部分：住区性策划

DIERBUFEN ZHUQUXINGCEHUA

◈ 总 括 ◈

住区开发是一个价值营造的过程。而且，这个价值营造是一个全面的、广域的价值体系的营造。住区的开发过程也是生活方式营造的过程。而生活方式的营造主要是通过场所营造来实现的。所以住区开发的关键在于：价值营造+场所营造。

一方面，项目的开发要超越消费者的期许；另一方面，项目的开发也要形成竞争对手在短期内无法超越的竞争优势。而以上目标的实现，都需要我们进行不断的创新。创新促使了企业成为领先者，促使了整个行业的进步。所以，房地产开发应该以创新为引擎，房地产策略也应该以创新为灵魂。

1．领导者方法论

领导者方法有两种：一种是战略性领导，一种是战术性领导。

战略性领导是指依靠发展模式、核心竞争力等条件作为支撑而获得的企业整体层面上的竞争优势。比如，万科的产品创新和服务创新能力，星河湾的豪宅价值体系和产品营造力，锋尚在高科技生态地产方面的技术领先性等。这些都是企业具有的长期的、可以使多个项目受益的、共性的优势。

战术性领导是指在具体项目层面，项目依靠对某些资源的占有、依靠产品某些方面的卖点、借助价格优势等方式获得的短期的、适用个别项目的、非共性的优势。这些领导性优势往往还停留在初级的竞争方式上。

而不管是战略性领导还是战术性领导，作为市场的领导者具有两大共同的特征：特征之一，从消费者角度来讲，它超越了客户期许；特征之二，从竞争的角度来讲，它具有让竞争对手在短期内无法模仿的竞争优势。

以上特征可以概括为：超越客户期许，建立短期无法被模仿的竞争优势。

1.1 方法之一，垄断性领导

垄断性领导是企业建立在对某种稀缺性资源占有基础之上的竞争优势。比如，企业通过对中心城区繁华地段、大型教育配套设施、自然景观资源、历史文脉资源等的拥有而获得的竞争优势。

比如，世茂锦绣长江地处武汉三镇黄金交汇处，除了具有显赫的区位优势外，项目独揽2千米长江岸线，并与黄鹤楼、龟山电视塔相呼应。在拥有不可复制的自然资源基础之上，锦绣长江项目从武汉两江四岸复合功能区（RBD）发展的要求出发，以项目区位优势和长江文化为突破口，给项目提出了“长江之门”的概念构想。

世茂锦绣长江效果图

在产品上，世茂地产投资百亿元打造165万平方米滨江豪宅综合体，其包括了全江景豪宅、A级写字楼、SOHO、五星级酒店、滨江商业休闲街、Shopping Mall等五大物业形态。这些建立在区域、资源等垄断优势之上的产品优势，使项目成为长江中游的标志性建筑物和武汉的新名片。

不管是在房地产市场还是在其他行业的市场竞争中，垄断性领导都是一种最初级、最原始、也是目前仍旧普遍存在的领导者方式之一。资源是最基本的竞争要素，垄断性领导的核心在于通过对资源的排他性占有而获得高溢价收益。所以，企业之间的竞争往往表现在对资源的占有之争。企业的扩张也往往是从对资源的垄断性占有开始的。

1.2 方法之二，核心竞争力领导

核心竞争力是一个企业保持长久竞争优势的基础。企业的核心竞争力有时是由房地产开发的某个或几个关键环节所决定的。比如企业的产品创新优势；企业的核心竞争力有时是由企业整个开发过程所形成的合力决定的。比如，企业从研发、到施工、再到后期物管运营等整体的优势和差异化的价值。

再比如，2001年宏宇集团挥师北上，以只做状元、不做探花榜眼的雄心，倾心打造位于朝阳区的北京星河湾。该项目用地面积520亩，总建面积约60万平方米。2005年6月，北京星河湾产品首次公开亮相，其立体化园林、高品质室内装修、完善的教育配套、高端四季会、酒店式公寓等同期完工，项目以“品质地产代表者”的高度和“全成品豪宅”的产品模式，在北京地产界再一次引起轰动。

在2008年，星河湾提出全新的企业战略目标——做一个以房地产品质建设、品质经营和品质服务为核心优势的，深受行业尊敬、公众和政府信任、值得投资者和业主寄予重望的现代企业。可见企业已经把全方位的品质体系作为了核心竞争力。这也成为星河湾市场竞争的利器。

企业的核心竞争力有时可以从更广泛的领域所获得。比如，当今国内大型制造企业进军地产屡见不鲜，它们凭借自身在原有行业的优势，可以为地产业务提供独有的、广泛的跨界支持。以海尔地产为例：

第一个层面，海尔地产可以依靠集团在家电、家具、卫浴、橱柜等方面的优势，进行精装化、集成化住宅的开发。第二个层面，海尔集团具有自己的品牌资源、土地资源、金融资源、产业资源、关系资源。这些都为海尔地产提供了重要的支持。第三个层面，技术支撑层面。依靠集团优势，海尔地产正在结合物联网等高科技技术，打造“云社区”，　把家电设备通过信息传感设备与网络连接，进而实现整个系统的智能化识别、管理及信息共享。以此来为客户提供更多的附加服务。这些也使海尔地产具有了一般企业所不具备的核心竞争力。

1.3 方法之三，模式性领导

企业在进行项目开发的实践中，往往会形成适合自己发展、应对市场竞争、满足消费需求的一整套系统方法和策略。比如，企业的开发模式、产品模式、营销模式、服务模式等。这些构成了地产企业系统性、整体性的开发和运营模式。

旅游地产的领军企业深圳华侨城，就依靠自己特有的“旅游+地产”的开发模式，通过将郊区板块进行主题公园开发，带动区域价值抬升，然后依靠高端住宅项目作为主要的盈利点。通过这种模式，华侨城走出了差异性的旅游地产开发之路。

一般来说，一些具有独特企业发展战略、独特资源的房地产企业往往会形成自己独特的开发模式。而现在，越来越多的企业也注重企业开发模式的设计和执行。

比如，中粮地产依托集团强大的资金和品牌实力，以独到的地产经营策略专注于发展极具潜力的城市综合体，并提出城市综合体发展的全价值链模式。所谓“全服务链的城市综合体”是指将购物、餐饮、娱乐、办公、居住、展览、会议等城市生活的若干功能在空间上进行组合，形成针对目标客户的全服务链，并在各部分间建立一种相互依存、相互补充的关系，从而形成一个多功能、高效率、复杂而统一的综合体，并通过持续经营管理来获得稳定而可观的收益。这样就形成了项目开发的系统性模式。

企业开发模式是一个系统的发展策略。这个系统策略中除了给出企业发展的目标之外，更包括了企业发展的具体方法论。所以，企业发展模式有助于企业形成超越其他对手的竞争力。并且，企业依靠既定模式，也便于在不同区域进行异地项目的拓展和开发，也有利于企业形成标准化的管理和执行体系。

1.4 方法之四，创新性领导

房地产创新是一个系统工程。它可以体现在房地产开发的各个环节之中。比如，房地产开发的合作方式创新、开发理念创新、消费市场创新、产品与技术创新、融资方式创新、服务体系创新、运营体系创新等。其中，消费市场创新和产品与技术创新是其中最重要的两个方面。

以消费市场创新为例，房地产开发企业应该在满足客户需求的基础之上，通过市场开发，主动地创造房地产需求，不断开拓房地产开发的新领域。比如，地产和旅游的结合所产生的旅游地产项目，地产和体育所结合的运动主题项目，地产和“银发经济”结合的养老地产等，都是对消费者需求的更深入、更广泛的满足，是传统房地产市场的进一步拓展和创新。

就具体项目而言，万科棠樾陶山居从单纯的个人休闲养生度假住宅变成了投资性的酒店公寓，公寓可以自住，可出用来租或者出售，这样购买者既可用来养生度假，也可获得租金收益或者取得投资性升值收益！这也是把产品从单一的市场需求，拓展到了多元的市场需求。

以产品创新与技术创新为例，北京锋尚国际是第一个“告别空调暖气时代”的“高舒适”、“低能耗”项目，是没有传统空调和暖气片的高舒适度环保住宅。2006年，作为北京锋尚升级版，南京锋尚被称为“中国第一个、世界第五个零能耗住宅项目”，除具有北京锋尚的优点外，还具有房间温度、湿度和二氧化碳排放自动控制系统，业主可按照需要自行调节，同时利用太阳能等可再生能源，使夏季制冷和生活热水零能耗。

王石先生认为，万科将面临着两个转型：一是从传统营销向技术研发转型；二是从建房卖房向服务转型。其实，从其发展初期的专利产品情景花园洋房起，一直到现在的住宅产业化的实践和推进，万科的产品创新和技术创新都成为行业内标志性的事件。依靠产品与技术创新、服务体系创新这两大持续的驱动力，万科逐步成为中国地产的领军企业。

所以，创新是创造消费者价值和附加价值的最有效方法，是超越竞争对手最有效的方法，也是企业获得领导性竞争优势的必由之路。总之，创新改变了我们的居住方式和生活方式。

2．广域价值体系论

一般意义上的项目价值体系包括区位、产品、户型、园林、会所、幼儿园、交通等基本的功能。这些都可以成为基本价值，可以认为它们是一个地产项目狭义性的价值。而从更广阔的视野来看：

项目总价值=内涵式价值+外延式价值

而对于开发商来讲，更应该从项目的潜在性价值、区域性价值、产品体系价值、服务体系价值、跨界性价值、生活方式价值、成长性价值和投资性价值等这一更大的价值体系来考量。需要注重项目的外延式价值的营造和利用。归纳起来，广域价值体系具体表现在以下几个方面。

2.1 价值之一，区域性价值

房地产项目的价值和其所在区域的价值息息相关，互为助益。具体来讲，项目所处的区域和地段可以为项目提供以下四个方面的价值。

其一，区域的时间价值。城市资产一般都会随时间自然增值，城市的各个区域也具有同样的规律。随着经济、人口、消费等因素的变化，一个区域的价值将会随着时间改变，区域价值也会得到重新定义。所以，地产开发企业要预见到区域和板块的未来价值。

其二，区域的空间价值。区域的空间价值表现在三个方面：

第一个方面是空间的聚合效应。比如，城市的中心、次副中心的往往是一个城市的价值波峰。一些企业、特别是商业地产企业的项目往往优先选址于这样的区位。

第二个方面是空间的增长极效应。即使是在同一城市，其不同空间发展的速度是不同的。一些具有优先发展的区域和板块具有更大的价值。比如曾经是农田的天河区迅速发展为广州的城市新中心。

第三个方面是空间的扩散效应。一些原本较偏远的区域，随着城市的扩散效应，往往会被注入新的发展动力，价值得到提升。比如，北京的城市扩散效应已经促使了河北土地和项目的升值。

其三，区域的功能价值。我们强调区域的功能属性定位是区域价值的重要决定因素。功能属性定位具有价值图章的作用。比如中央生活区与物流园区的居住价值是截然不同的。而豪宅板块往往可以为其区域内单个项目提供附加价值。而且，区域的功能属性也在某种程度上决定了多数项目的基本属性。比如中央商务区和中央生活休闲区，决定了区域内项目属性的偏重是不同的。不同区域具有不同的区域价值，这也必然影响到其区域内开发产品的价值。

其四，区域的资源价值。区域资源价值是项目需要借助的外部资源，是项目价值提升的方法之一。这种广义的区域资源包括市政配套设施，经济发展水平、消费力水平、产业支撑、景观资源，文化资源等。狭义的城市资源是指区域的景观资源和文化资源。项目可以结合这些资源来提升自身价值。

华润平门府

比如，华润置地的平门府项目位于苏州千年古城核心，与世界文化遗产——拙政园为邻，与城市地标北寺塔紧邻，距离繁华观前街仅1.8千米。在苏州古城寸土寸金的土地上，平门府兼具了景观与文化的双重资源价值。

2.2 价值之二，产品体系价值

一般意义上的项目产品价值包括了规划、户型、园林、景观、配套、交通等基本的功能。这些都可以成为一般意义上的基本价值，可以认为它们是一个地产项目狭义性的基础性价值。而对于广义的产品价值体系，我们还可以从产品体系的复合性价值、产品体系的附加性价值两个大的方面来考虑。所以:

广义的产品价值体系=基础性价值+复合性价值+附加性价值

以产品的复合型价值为例，中信地产依托中信集团多元化的产业背景，通过内外部资源整合，探索出一条“3大产品系列+1个服务平台”的增值化道路。三大产品系列即“住宅-商业-度假”，一个服务平台集纳了“投资、理财、休闲、文化”等多领域服务。

其代表项目为总投资达30亿元的中信太湖城项目，总建筑面积近80万平方米，面朝浩瀚的太湖，东依著名的太湖新天地，西邻太湖小横山高尔夫球场，距太湖之滨约百米，其中国太湖文化论坛是继海南博鳌亚洲经济论坛项目之后，又一个全国性超大型的、最高规格的、全综合性的以文化为主题的论坛项目。

项目“3+1”价值体系即通过住宅地产、商业地产和度假地产以及中信会的增值服务，为客户提供健康人生、都会人生、休闲人生和财智人生等四种生活价值。这是一个项目通过附加多项功能而提供的多元复合价值。

而附加性价值，是指开发商通过差异化、创新化的产品营造，为客户提供超越基本价值之上的、或者超于竞争对手之上的附加性的价值。

比如，北京星河湾全成品的理念贯穿于整个开发过程中，土建装修一体化使所有业主自入住的当天，即可不受任何影响的享受优质生活。全冠移植使得业主一入住就享受到成熟的园林环境。会所、学校、体育馆和幼儿园等在业主入住时同时投入使用。形成了住宅可观、环境可赏、配套可用、服务可享的全成品居住模式。这给消费者提供了更多的附加价值。

所以，广义的产品价值首先是一个完整的体系，而不应只是一个简单的卖点。而且，是建立在基础性价值之上的，具有复合性和附加性的综合价值体系。

2.3 价值之三，服务体系价值

项目的服务体系是项目价值的重要体现，是企业竞争力重要组成部分，也是企业软实力的主要组成部分。通常来讲，企业的服务系统包含了三个方面：首先是基于项目特点的一般性公共性服务，其次是基于业主需求的多元化和个性化服务，其三是基于社区持续发展而提供的管理与增值服务。所以：

广义服务体系=共性服务系统+个性服务系统+社区发展系统

2010年6月9日，深圳万科“智·享·悦变”新品暨产品策略发布会在万科中心举行。会上，深圳万科首次发布了全新的产品策略——一体两翼生活解决方案的“蝴蝶模式”。“蝴蝶模式”以持续优化的产品为主体，右翼为持续领先技术的“光合建筑”，而左翼为持续升级服务的“3W万维社区”。

棠樾作为“NATURE养生度假”系列的极致之作，致力于展现“蝴蝶模式”之价值精髓。棠樾正以会馆开业为契机，向客户展开了“家庭享乐式居住”之高端服务序幕。

在项目启动的“增值兑现计划”中，万科投入巨资，从“服务升级”、“教育升级”、“景观升级”以及“享受升级”四大人居体验维度全线提升，为每一个家庭成员打造适合自己的生活体验。融合人文艺术、教育资源、高端圈层、原生湖山风光为一体的棠樾家庭享乐大境，为全家人的怡然生活构筑了完美平台。

更为值得肯定的是，有些企业已经把服务上升为企业的竞争战略和发展战略。比如，绿城率先在国内开始了“生活园区服务体系”的尝试。“绿城生活园区服务体系”，则侧重从第三产业（服务业）的角度，探索如何为购房者提供更好的产品。绿城园区生活服务体系是绿城对人文理想的实践。它以人的身心需求为出发点，包含健康服务、文化教育服务及生活服务等三大服务系统，使居住者真正享受到以人为本的人文关怀，切实提高生活居住品质。

“绿城生活园区服务体系”本身具有三大特色，即：以人的身体和精神需求形成一个相对综合和全面的服务体系；在绿城的生活园区服务体系上将能够提供相对完善的对老年人的关爱服务；绿城提供的生活园区服务体系是相对四维的健康服务，包括人的身体、心理、社会事业健康、道德健康。

绿城蓝庭项目还成立了专门的机构“蓝庭客户服务中心”，统一对接客户的健康服务、老年大学、社区食堂、老年活动中心、儿童活动中心、物业服务、幼儿园教育、会所配套服务、园区巴士、社区商务中心等服务需求。

中国城市论坛组委会相关人士认为，“绿城生活园区服务体系”的出现，超出了房地产开发产业链的概念，是对过去“房产品”及“物业管理”等概念的一次重新诠释，标志着作为“服务行业”的房地产业的发展，已经逐渐触及其行业本质，而且会对行业未来发展产生积极深远的影响。

2.4 价值之四，跨界性价值

随着市场竞争的日益加剧，为了满足消费者更多元化的需求，地产行业越来越重视和其他行业的相互融汇，跨界(Crossover)现在已经成为地产行业内流行的字眼，它赋予了地产更多元的活力和动力。

其实，跨界地产并不是一个新鲜的词语，当曾经的华南板块进行复合地产，比如，运动地产、教育地产等开发的时候，就预示了跨界地产帷幕的开启。只不过，随着地产近几年的快速发展，地产跨界开发和地产跨界营销更加创新和普遍了。比如，建外Soho的产品是对办公和居住的复合，这也带给了消费者更广泛性和复合性的价值。

北京的星河湾项目也是通过跨界整合资源，通过全方位的价值创新模式，实现了星河湾品牌的高端化和奢侈品化，并且让多个国际顶级品牌荟萃于星河湾，赋予星河湾品牌独特的价值魅力。

2008年6月3日，作为全球最有影响力的奢侈品行业组织、总部设在美国的世界奢侈品协会入驻星河湾，其在星河湾放置了上百个品种的奢侈品展品，让星河湾成为一个奢侈品的展馆。同时，星河湾还定期举办各种各样来自世界各地顶级品牌的新品发布会、品牌讲座、时尚酒会等活动。

正如星河湾中国区CEO欧阳坤所述：世界奢侈品协会中国俱乐部之所以落户星河湾，是因为青睐于星河湾这个中国顶级生活与社交的平台。而星河

北京星河湾实景图

湾已经成为中国高端消费群体对接世界的一个重要平台。在联袂世界奢侈品协会中国俱乐部的同时，星河湾还将北京外商俱乐部也争取引入到项目。

星河湾的跨界营造使社区变成了一个多元化的平台。作为生活平台：其为业主整合更多高端品牌资源，提高生活质素；作为事业平台：其为业主提供理财投资，商业外交等平台，如引入商业协会等；作为修养平台：其可提升业主个人修养，并为其提供多种社会资源，比如，举办世界奢侈品展示、文艺慈善活动等。

2.5 价值之五，生活方式价值

真正的房地产开发商是新生活的创造者，肩负着塑造当代中国人生活方式的使命。房地产竞争本质上已上升为开发商所塑造的生活方式的竞争。以满足不同个性和不同生活方式需求为特征的“卖生活方式”的房地产项目，越来越受到人们的喜爱。

比如，以建筑无限生活为己任，万科关注的内容超越建筑规划设计的范畴，而触及美学、建筑学、城市及社区规划、园艺、心理学、人体工程学甚至犯罪学等方面。万科应用不同学科，致力于创建一种不仅仅应该是好用的、好看的、高质量的产品，同时应是舒适的、活跃的、文明的生活方式。

对生活方式的塑造往往已经成为项目开发的理念和定位。比如，观塘讲求的是追溯先贤的庭园生活；星河丹堤营造的是在掌控财富之后的CEO观邸，慢城塑造的一种超脱城市繁杂的慢生活，棠樾追求的是一种东方意境美学。这些都是一种竞争策略和项目核心价值的重要体现。

消费需求的多元化，消费品质的升级化，促使了项目在生活方式塑造上的深入化和升级化。比如，同样是滨海度假生活，最开始主要关注阳光、海洋和沙滩（Sandy、Sun、Sea简称3S）等海滨风情元素。而现在这种滨海生活的内涵和外延得到了极大的深化和拓展。

比如，雅居乐清水湾开发的基本理念就是：雅居乐以“度假＋旅游＋投资”的综合模式，在海南乃至全国打造一个具有世界影响力的“旅游生活综合体”。项目涵盖高端住宅、星级酒店、星级娱乐、国际品牌购物、高尔夫、游艇会、海洋世界、水上运动、学校、医疗，以及海洋文化风情村、海洋博物馆等一应俱全的世界级海岸生活综合设施。

清水湾游艇码头

其中，5亿打造国际一流会所；3000万投资36洞国际一流滨海高尔夫球场；507个泊位的游艇码头可以停靠世界最长游艇；6大超五星级酒店群；300个奢侈品牌汇聚清水湾国际品牌城；奇特的热带海洋主题公园。在12千米海岸之上、汇聚六大国际一流滨海生活方式元素。这足以营造出独特的滨海休闲生活方式，足以使消费者完全享受到真正的高尚滨海生活。

2.6 价值之六，成长性价值

有一个观念必须强调：那就是，项目销售完毕不是一个项目开发和策划的结束，而恰恰是一个项目生命的刚刚开始，是价值逐渐释放的开始。一个好的项目，也具有一定的价值生命周期。在其使用的周期之内，它的使用价值在大多数时间内应该是逐步增加的。一个项目的这种价值成长性分为两个阶段：

第一个阶段，是开发过程的价值成长。比如郊区大型项目，一方面随着社区内部配套的成熟和完善，使项目从简单的卧城发展为了具有多种功能的小市镇。另一方面，社区的外部环境，比如交通、学校、公园等市政设施的成熟，也能使社区整体的价值平台得到提升。并且，在小环境和大环境逐渐成熟的基础之上，结合项目主题和公众参与，项目会逐步形成自身的社区文化。

第二个阶段，是居住过程的价值成长阶段。就像商业地产一样，住区的开发不仅仅应注重开发过程中的价值附加，而且要注重客户在使用过程中的价值增长，为消费者提供终身满意的生活品质和不断增值的物业。

比如，在美国，有些社区会制定包括政府、居民和开发公司在内的三赢的《区域（社区）发展计划》，通过此计划实现政府的公共利益与城市发展等目标，实现开发公司经济与品牌目标，实现居民单一资产增值与发展和生活环境彻底改变的目标。

总而言之，项目开发往往要关注的是城市层面的机会。如人口转移、消费升级、发展趋势等。更重要的是要引导市场需求，以全新的价值体系，实现项目和区域的跨越式发展，塑造全新的企业竞争力和可持续发展力。

3．项目定位的八大策略

房地产开发是一个系统工程，其主要环节包括：

定类——确定项目开发大的类别。比如，项目是城市综合体类还是旅游地产类；定位——主要是指项目的属性定位、档次定位、价格定位等；定魂——指项目的核心概念或形象定位；定式——确定项目的开发模式；定量——指产品总开发量以及不同业态开发量的确定，定型——主要是指产品整体规划、主要空间形态布局的确定，定序——确定项目的分期开发策略，定利——确定项目的可行性和收益性。

项目各阶段的营造过程，也是为项目注入价值的过程，其中市场定位最为重要。因为，在市场定位确定后，项目的产品、形象、价格、风格等定位也随之确定。所以，市场定位是纲，纲举则目张。

从小的方面来讲，一个项目的定位是从项目自身因素、客户需求，竞争态势这个铁三角推导出来的。而从更大范围来讲，项目的定位往往是由以下八个方面影响和决定的。

3.1 策略之一，企业战略决定论

一般来讲，一个项目的定位是由项目自身因素、客户需求、竞争态势这几个方面综合推导出来的。但从源头来看，一个企业的发展模式和发展战略决定了一个企业的拿地模式、开发理念、产品线模式、发展愿景等方面的核心内容，而以上核心内容的确定，也就初步的决定了项目发展的基本方向。所以，企业的发展模式和发展战略对于项目的定位有着很大的影响作用。

以星河湾为例，星河湾以品质为核心、精耕细作，追求单个项目价值最大化的企业发展战略，决定了其产品必然是走高端路线。所以，星河湾在拓展过程中，把北京、上海、广州等这些中国经济最发达的一线城市锁定为首选目标。并以中国品质地产代言人的角色获得国际化、高端化消费群体的认可。总体而言，星河湾的企业发展战略决定了其产品采用领导性的定位方式。

而同样是起步于广州的恒大地产，采取了先做大后做强，规模化、标准化、低成本运营的总体发展战略。经过创业阶段、战略转型阶段，2006年后，恒大进入全方位可持续发展阶段，依托业已取得的品牌效应，恒大已经从规模取胜的起步阶段，跨越到“规模+品牌”战略指引下的扩张阶段。

与恒大企业发展战略相对应的是其产品线的丰富。恒大产品线主要有三大系列：其高端产品系列以恒大华府为主，定位于城市高品质住宅。其中端产品系列以恒大城、恒大绿洲和恒大名郡为主，通常位于城市的次级中心区域，或者是近郊区。此产品系列主要面对的客户群体为普通阶层的消费者，以首次置业和普通改善型客户群为主。其旅游产品系列以恒大金碧天下为主，产品定位为集旅游、度假、商务、居住为一体的旅游度假项目。

由于发展理念不同，以性价比为主要卖点的恒大地产，不把一线城市的高端项目作为发展的重点。而是针对不同区域、不同资源、不同客户有的放矢。不同的产品线，其实是一种预先设计好的定位模式，这样的定位模式还可以在全国不同区域进行拷贝性的应用。

3.2 策略之二，区域因素决定论

项目定位与其所处的区域价值和区域格局有着密切的关系。

所以，所谓区位价值决定论，有两个层面含义：第一个层面是指区域价值决定了项目的定位。区位价值包括了区域属性、区域功能、区域交通、区域消费特征、区域资源等多种因素在内。第二个层面是指区域格局决定了项目的定位，而区域格局包括了区域功能、产业、资源等的分布格局。它们都是决定项目定位的主要参考因素。

第一种，区域价值决定论。一定的区位属性和功能已经大致确定了项目的定位方向。比如，在北京CBD中的项目——华贸中心、万达广场、国贸中心、银泰中心等往往是以商务、商业为主的城市综合体定位方向。这些项目的定位方向和高度已经由其所在区域的价值大体上决定了。所以，一个项目应基于区域价值和区域发展趋势来定位，并且可以从城市发展角度来进行拔高定位。

第二种，区域格局决定论。在这种定位模式中，项目自身在区域格局中的所处的地位成为定位的关键。地位决定定位，首先要明确项目是区域功能的主导者、还是补缺者等。然后根据其在格局中所处地位，确定自己的产品的开发方向和定位方向。

深圳华润大冲旧城改造项目

华润大冲改造项目占地面积达68.4万平方米，总建筑面积近300万平方米，项目位于南山科技园东区，是深圳市目前最大的城中村改造项目。其包括一栋300米高的标志性写字楼及附属办公楼；一座五星级酒店，两座四星级酒店；一座18万平方米的超大型Shopping Mall和规模达228万平方米的商务公寓及住宅。

大冲村改造的定位方向是：通过“工业入园”逐步迁出第二产业；结合高新园区配套大力发展商业及服务业，把其建设成为深圳市高新技术产业园区配套基地；建设与深圳整体城市形象及高新园区形象相适应的新型现代化高尚居住社区。

可见，大冲项目与其临近的产业园区可以功能互补、互相借势、资源共享。所以，大冲项目采用了错位性的定位方式，以此实现了项目的价值最大化。这也是由于大冲项目所处的区域功能格局决定了。

3.3 策略之三，资源价值决定论

狭义的资源一般是指景观资源和文化资源。许多项目凭借资源而具有差异性的价值。有些项目所具有的景观资源和文化资源的价值甚至远远大于建筑本身的价值。所以，资源价值是有些项目定位的关键要素之一。

龙湖颐和原著项目占地147亩，规划有9种户型，91套住房，总建筑面积介于1000~3260平方米之间。其功能与布局是龙湖地产多年研究高端人士生活方式之后而为其量身定制的作品。该项目成为龙湖地产精品住宅的新标杆，也成为中国顶级别墅的典范。

龙湖颐和原著项目背靠燕山余脉，历史上此处形成了以“三山五园”为代表的皇家园林。“三山五园”指的是万寿山、玉泉山、香山、静宜园、静明园、清漪园、畅春园和圆明园，其中的清漪园也就是今天的颐和园。项目西邻颐和园昆明湖。所在区域历来被称为“上风上水”宝地。

龙湖颐和原著

颐和原著确定采用以历经千年而不衰的“唐风”为项目之魂。龙湖地产希望把颐和原著打造成远观恢宏大气、近观婉约精致的宫殿型建筑，并将中式的元素符号和西式的建筑材料结合在一起，打造具有传承性和历史性的产品。

颐和原著远超于龙湖其他别墅类产品的高度和成功，最重要的因素是其具备的独一无二的景观资源和人文资源优势，这是项目获得成功的基础。

3.4 策略之四，客户需求决定论

从整个房地产产业的发展来看，消费者的居住性需求和投资性需求，是支撑中国房地产发展的最根本的市场基础，也是中国城市化进程中关键性的推动力量。

从项目的开发来看，房地产开发的目标就是对消费者需求的满足，消费者基本的需求包括了户型结构，园林风格，配套设施等。随着社会的发展，消费者需求也出现了以下新特征：消费需求个性化，消费需求多元化，消费需求升级化，消费需求前瞻化等。

所以，房地产项目的定位，往往需要以目标客群的需求为指南，注重不同客户的需求差异，以针对性的产品来满足针对性的客群。这是项目精准定位和价值最大化的基本要求。

绿地昆山21城，位于昆山市花桥国际商务城的一侧，是由绿地集团斥资超百亿打造的。项目的远景规划是13平方千米，一期面积2.67平方千米，由孝贤坊（尊老社区）、度假社区、国际社区、商务社区四个方面组成。绿地集团孝贤坊首批开发总占地面积35万平方米，住宅总建筑面积约26万平方米。

孝贤坊定位为尊老社区的依据为：据预测，到2015年，上海入住老年公寓的人数将达到9万人。按每人30平方米计算，老年公寓市场需求总量为270万平方米。养老需求将成为一种迫切的社会需求。绿地21城的推出正弥补了上海老龄化社区的空白。

在孝贤坊，绿地集团充分考虑到老人生理和心理的各种需求，以“老有所养、老有所医、老有所为、老有所学、老有所乐”作为规划指导思想，为丰富老年文化生活，提高老年人修养而设立老年大学，设置多种精品课程，提升老年人的知识和品味；为老人提供交流平台和展示个人才华的舞台，项目建有活动中心，安排养生、娱乐交际、文艺技艺等有特色的活动。

项目集养生类服务、亲情类服务、医疗类服务、娱乐类服务、文化类服务、健身类服务、拓展类服务为一体，全力打造长三角最大的老年颐养基地。

3.5 策略之五，项目特质决定论

项目自身的特点也是项目定位的关键性因素。在定位一个项目的时候，要进行项目自身产品特征、资源优势，园林风格等分析，需找到项目的灵魂，从中找到最契合项目特质的定位方向。

2008年，深圳万科在业界率先发布了“绿色策略系统”以及“V-HOME青年置业计划”、“V-NATURE自然珍藏计划”和“V-TOP高端定制计划”三大产品计划，宣布以“绿色技术”（工业化住宅建筑方式等）和“品质提升计划”为基石，建筑“绿色小区”，并以“物业服务创新”为业主营造全方位的绿色生活体验。

而万科棠樾就属于“V-NATURE自然珍藏计划”产品系列，万科棠樾四面均为山水田园。北面是仙女湖、大屏障森林公园和虾公岩水库；西面和南面是“世界第一球会”观澜高尔夫球会东莞球场和企洞水库；东面与绿地森林景观相邻。棠樾方圆1千米内分别有13个大大小小湖泊和14个山岭围绕。丰富的山水生态资源给万科棠樾打造江南水乡的建筑风格创造了优越的条件。

万科棠樾背山面水，与大自然融为一体，先天禀赋并符合东方美学中“天人合一”、“人与自然融合”的追求。在此自然资源基础之上，万科以“营造一种东方式奢华为主的低密度现代东方的居住氛围”为设计核心，以水元素为主题，重视东方居住美学中水的重要性，并运用中国文化特有的格调展现属于东方民族的奢华概念，营造现代东方美学特有的意境之美。

3.6 策略之六，竞争格局决定论

有市场就有竞争，通过竞争格局来确立项目定位一般有四种方向。第一种，项目作为领导者，具有垄断地位和优势，产品具有不可重复性；第二种，项目作为挑战者，强调新的发展模式，强调产品的特色和价值；第三种，项目作为追随者，搭便车，借势，以小博大；第四种，项目作为补缺者，瞄准市场缝隙，创新产品和需求点。

以领导者定位方向为例，北京长安街两侧建筑限高250米，而北京银泰中心高达249.9米，让对手几乎再很难企及。在国贸三期建成之前，银泰中心一直堪称CBD的第一高楼。

北京银泰中心主楼由极致尊贵的精品型酒店北京柏悦酒店（Park Hyatt Beijing）、现代豪华公寓柏悦居(Park Hyatt Residences)和专属府邸式公寓柏悦府(Park Hyatt Penthouses)组成；两侧对称配置186米、44层的超甲级智能化写字楼银泰写字楼和人保写字楼，三栋方形高塔品字矗立，呈鼎足之势；柏悦生活(Park Life)作为底层商业空间，把三幢塔楼连接在一起，其中4层(地上3层、地下1层)，荟萃顶级奢华品牌旗舰店、会议宴会设施、中西餐饮和健身休闲等设施，是全新概念的高品位商业、休闲、健康、美食及娱乐生活目的地。

这种地标性建筑除了在高度等方面有所体现外，更值得指出的是北京银泰中心中央主楼顶部设计灵感来源于传统的中国灯笼，其最终被设计成为一个优雅、独特、鲜明的标志。这不仅是中国本土历史文化的象征，也是北京银泰中心的一种寓意美好愿景的表达。

3.7 策略之七，导入功能决定论

一个项目在开发的过程中，除了营造基本的住宅功能之外，还可以导入其他诸多功能，比如，运动休闲，文化娱乐、相关性产业等众多附加功能，以此来增加项目的价值。

比如，在城市核心位置，企业获得土地的成本已经很高，如果走常规的物业开发往往只能获得基本的收益，而且也没有最大化的发挥地块的价值。所以，对于此类物业，要想获得更高的利润，就要考虑如何赋予项目更高价值的功能或者物业类型。

深圳京基金融中心，位于寸土寸金的帝王商圈，就在目前深圳市第一高楼地王大厦旁边。根据深圳市的战略规划，这里将建成深圳市的金融服务中心、资金集散中心和金融信息中心。

在此大的板块定位下，结合自己的位置优势，京基地产除了开发最基本的住宅物业类型之外，通过为项目导入金融产业、导入高端商业物业类型来提升项目的价值，以此获得更大的利润。

京基金融中心效果图

京基金融中心占地面积4.6万平方米，总投资超过40亿元人民币，总建筑面积为55万平方米，其中地下一层至地上四层为大型商业京基百纳空间KK Mall，总面积为83500平方米，办公及商务公寓20.5万平方米。主体高度441.8米，总层数为98层，是集甲级写字楼、六星级豪华酒店、大型商业、高级公寓、住宅为一体的大型综合建筑群，建成后将成为深圳第一高楼。

所以，为了获得更高的开发收益，除了住宅开发，为项目导入其他功能和物业类型是一个很好的策略。因为相对于住宅产品而言，高端功能往往能提供更高的价格及租金。比如高端第三产业与商业是获得高收益的方向之一，这也是我们定位参考的方向之一。

3.8 策略之八，盈利模式决定论

企业的不同盈利模式，也是决定项目定位的关键因素。从微观来看，房地产企业的盈利模式是各有特点的，但基本上可以归纳为以下两个大类。

第一种是资本利润最大化模式。即以资金的利用率和周转率为盈利的关键，企业以产品快速抢占市场为突破口，讲求项目的消化速度，以此来加快资金的周转速度，继续进行下一个项目的开发，通过高速开发和销售，在相同的周期内获得更多的收益。

第二种是产品利润最大化模式。这种模式的核心是提高单个项目的利润率。即以房地产产品为核心，提高产品的附加值，追求最大的利润率，使单位产品的盈利达到最大化，从而使整个项目的利润达到最大化。

总结这两种模式，提炼其中最本质核心，可以把房地产盈利模式归纳为三个关键点：第一点，是如何获得低成本优势；第二点，是如何获得高速度盈利优势；第三点，是如何寻找到高收益的途径。房地产项目在这三个方面的偏重也可以影响到项目的整体定位。

比如，世纪金源的项目往往是区域超级大盘、第一大盘这样的定位。比如，其昆明世纪城占地面积3680亩；长沙湘江世纪城，占地1500亩；福州世纪城，占地2800亩；贵阳世纪城，占地5045亩；合肥滨湖世纪城，占地2500亩。其投资开发的每个“世纪城”总建筑面积都在400万平方米以上。其南京项目长江世纪城，占地9000亩，建筑面积约1300万平方米，开创了“造城”模式之最。

长沙湘江世纪城

这种定位模式和企业的盈利模式息息相关。世纪金源首创“规模化、全配套”造城模式，有力地保证了其大盘开发的低成本、高速度和高溢价。

在规模效应上，世纪金源形成了投资商、发展商、建筑商、设备采购供应商、物业管理商等纵向一体化的发展模式。为集团房地产开发降低成本、保证质量、提高效率起了重大作用。这有效地保证了项目的低成本、高速度开发。

在综合性造城开发模式上，世纪金源以产业创新为基础，以资源整合为手段，对大型购物中心、商业设施、星级饭店、高级住宅、写字楼、学校基础设施、医疗设施、市政基础设施等进行系统性、综合性的规划和资源整合，起到了提升区域整体发展的作用。这为项目不断的溢价打下了坚实的基础。

4. 客户定位的六大策略

只有产品效用和客户需求达成最有效的叠加时，项目的价值才能最大化。所以，建立在客户需求之上的客户定位是房地产策划中关键的一个环节。

客户定位的流程为：在细分客群的基础上，选择项目的目标客群，对目标客群的地理、人文、心理、行为、消费等方面进行全方位分析，从而深入了解目标客群的生活惯性、消费习惯、置业目的、价值取向、居住文化等。对于目标客群的这些需求偏好，做到满足需求、放大需求、引导需求、创造需求，并能做到以超前的眼光为客户设计未来的生活方式，实现了项目的精准定位。

具体来说，客户定位有以下六种主要模式。

4.1 策略之一，细分阶层定位法

一种最常见的消费者定位方法是按照客户的职业特征、社会阶层特征来细分客户。一般来说，项目的体量越大、产品越丰富，它的客户也就越多元和宽泛。而一个项目体量越小，产品越单一，它的客户定位就越纯粹和单一。

中国的社会结构可以划分为诸多阶层。一个或多个阶层可以成为项目定位的主要目标群。比如一般中高端的大型住区往往定位为公务员、白领、企业中高级管理阶层、小私营企业主等。

项目的差异化和特殊性越明显，其客户定位往往也会更具有针对性。比如，Soho类项目的客户定位为：创业型企业，孵化型小企业，寻求家庭办公的艺术家、自由职业者、自由撰稿人等。

而有的项目的消费阶层比较单一，他们往往形成自己特有的圈层。比如，狮子湖针对政务和商务两大客群。项目让爱好相同的消费者居住在一起，就形成一个巨大的圈层，只有一个圈层的人住在一起，才能营造出一种大家共同认可的社区文化。

4.2 策略之二，五缘圈层定位法

消费者置业的目的可以分为两大类：自住和投资。而如果更细分的话，项目和消费者之间存在多种的关联性，这种关联性就像是纽带一样把消费者和项目结合在一起。具体来说，这种关联性客户，可以细分为以下五种：

第一种，地缘客户。这种定位遵循了空间距离上的关联性。这类消费者本身就居住在项目板块之内，或者毗邻于项目所处板块。比如，深圳的关口物业，因为和罗湖区、福田区仅一关之隔。所以在罗湖、福田两区的消费者迫于关内的高房价压力，而选择地缘上比较接近的关口物业。这类关口物业也会借助关口的地缘优势，把主力客群锁定为关内消费者。

第二种，亲缘客户。这种定位遵循了社会关系纽带上的关联性。亲缘客户有三类：第一类，他们在自己家族较为聚集的地方置业；第二类，他们在家庭成员工作、学习的地方来置业；第三类，是异地回乡置业客户，特别是现在从一线城市回乡置业、回乡创业的客户，是内地二三线城市项目优质的客户群。

第三种，工作缘客户。消费者在工作场所附近置业是一种普遍的现象。比如，华为坂田基地的员工，是龙华片区主要的消费群体之一。深圳的高科技园区的客户，往往选择邻近工作地点的南山、宝安、西丽等地置业。

第四种，教育缘客户。这类客户为了子女的教育，往往会选择具有丰富教育资源的区域，或者有一定教育资源的项目来置业。比如，在建设初期，为了促使西安高新区的发展，开发区新建了高新一小、高新一中，带动了区域的开发和周边房地产项目的开发。

第五种，投资缘客户。在中国，房地产投资已经成为一个普遍性现象。投资客户在空间上的距离会更远。他们有的是一种纯粹性的投资，有的是投资和自住相结合。在沿海旅游度假城市，那些既具有居者价值又具有投资价值的物业是他们的首选。

4.3 策略之三，亚文化标签定位法

亚文化（Subculture）：又称小众文化或副文化，指某一文化群体所属

次级群体的成员共有的独特信念、价值观和生活习惯。C. Fischer在其书《Toward a Subculture Theory of Urbanism》中讲道：城市特征就在于亚文化的形成以及多种亚文化团体的发挥作用。

蕴含多元基因的文化母体，在当代物质文明与精神文明的催化下，衍生出形形色色的亚文化类型。而区分每一个消费族群的，往往正是他们所特有的亚文化标签。这些具有相似文化特征的群体可以作为消费者定位的方向之一。

比如，金地香蜜山，项目策划者分析了购买群的特点后发现：他们应该属于中产阶层。这类人具备优秀的文化素养，讲究生活品位，有着良好的经济基础，并追求一种健康的生活方式。

所以，策划人提炼出“高级灰”这一反映客户共同特点的标签，强调：“灰”是一种中性的色调，它内敛而不张扬，沉稳而不浮躁，有力量而不炫耀，有个性而不随流。而作为城市精英的“高级灰阶层”，已成为时尚的代言人，他们有意无意地影响着都市人的生活观念、行为方式，体现着未来生活的潮流趋势。

物以类聚，人以群分。如同广州丽江花园所提倡的白领文化一样，每一个楼盘往往成为一种阶层的专属领地，成为一个个性生活的特区。所以，亚文化营销应运而生。而亚文化营销的核心在于：在楼盘文化基因与消费者文化基因的交集中，寻找到感应和契合。

4.4 策略之四，成长路线图定位法

社会是由不同阶层、不同群体组成的集合体。每一个社会群体、阶层都有其存在的社会空间和时间周期。每一个社会群体阶层也要经历产生、逐步成长、趋于稳定、逐步解体的一个演变过程和生命周期。所以，有的项目可以从其所对应客户的产生、成长的脉络和路径中得到自己的客户定位。

比如，在定位顺德某顶级别墅客群时，笔者认为：顺德乃至中国大多数三四线城市的财智阶层主要是伴随着工业化、城市化和扩张化过程而产生的，他们是社会在“三化”过程中产生的塔尖阶层。

从工业化这一分支来看：顺德人在造就民营经济奇迹的同时，工业化也成为顺德主流财富创造阶层的主要生产线。并且创业者的新生代创富阶层，也逐渐成为家族财富和社会资源的天然继承者。而企业高级管理阶层，自然也成为工业化进程中的受益者。

从城市化这一分支来看：城市化进程，是顺德新兴富裕阶层的第二条生产线，其中服务业、商业、垄断性行业催生了新兴财富阶层增长。并且政府高级公务员，灰色收入阶层，区域性高端移民，也逐渐成为城市中的新兴贵族。

从扩张化这一分支来看：商业的扩张化进程，是顺德新兴富裕阶层的第三条生产线。随着商业版图的扩张，在顺德区域之外的各个地区，也聚集大量在外打拼的顺德人。并且，在他们还和顺德在商务上，地缘上，亲缘上保持着较为紧密的联系，这也是项目需要拓展的主要客户群体之一。

所以，从客群产生、发展、分化的过程中可以找到项目的客户定位。

4.5 策略之五，多元复合定位法

一般来讲，大型项目的客群一般都是多元的、复合的。只有多元化的、复合化的客户才能支撑大型项目的销量，才能构筑起大型社区多元、丰富、充满活力的社区文化和社区生活。比如，笔者曾经把旅游休闲客群主要分为以下四类：

第一类，塔尖性客户。这种奢享型的客户以高端商务人士、企业主为主。五星级酒店和游艇会等高档设施多为他们而设。对于这类客户定位我们可以称为奢侈性定位法。

第二类，企业性客户。普通企业和事业单位的团体客户，他们具有会议、培训、聚会、度假等各种消费需求。这是具有一定消费能力而且消费潜力巨大的客户群体。就像星巴克对于商务人士的细分定位一样，我们可以把这类客户的定位称为星巴克定位法。

第三类，专业性客户。这类细分客户往往具有某种共同的爱好或特征。比如车友会，摄影协会，登山协会，垂钓协会等目标客群。对这类客户的定位我们可以称为专业性定位法。

第四类，基础性消费者。这类客户以家庭或者朋友间结伴为主。项目丰富而具有吸引力的旅游休闲内容，对于这类客户来讲如同一个旅游超市。对于这类客户定位我们可以称为沃尔玛定位法。

所以，大型项目要多角度、全方位的挖掘出不同的客户组合。

4.6 策略之六，动态转化定位法

有些项目的客户定位不是一成不变的，而是有一个逐步转变的过程。随着项目产品的变化，市场环境的变化，区域成熟度等条件的变化，客户的定位也会随之而变化。特别是对于一个大盘或者对于一个郊区性的项目，其客户定位往往是一种动态的、有一定弹性的定位方式。

比如，不管是在广州或者深圳，中国许多城市的郊区大盘，大部分基本经历了两个大的开发阶段，其客户定位也经历了两大阶段性变化。

第一个阶段，往往由于区位不成熟、产品开发档次较低，所以在开始的时候，项目基本定位于中低端客群，他们由于收入有限，而由于城市的逼出效应和溢出效应，被动地在郊区置业。

第二个阶段，随着郊区配套的逐渐成熟，郊区板块项目的定位提高，房地产市场的超常式发展等外部条件，以及依托自己景观优势，产品档次提高等内部原因，郊区大盘也逐步把客群锁定在了中高档客群上。

有些项目由于其区位、或者功能等的特殊性，也具有动态客户的特征。比如，观澜湖高尔夫在依靠球场带动房地产开发。而开始购买的客户往往是具有敏锐投资意识的投资客群；其次，是一些企业机构把高尔夫别墅用来作为企业会所或其他商务用途；最后，随着区域的成熟，人气的成熟，以度假、自住为主要目的的客群逐步增加起来。

这就要求客群定位应具有动态性和变化性，以应对项目和市场的变化。

5. 空间定形的十大策略

项目的总体空间布局和空间形态的决定，受到众多因素的影响。

这些影响性因素主要分为以下五个大的方面。第一，概念性因素。比如开发理念、规划概念、项目主题等；第二，基础性因素。比如，项目指标、地形地貌、资源分布等；第三。经济性因素，比如功能主次性，地块与各物业之间的契合度，经济效益等；第四，组织关系因素。比如层次性组织形式，立体化组织形式，邻里单元组织形式，TOD组织形式等；第五，人性化因素。比如，人性化尺度、人文隐喻等。

所以，空间布局和空间形态的确定不仅仅是一个项目空间定型的技术问题，也是一个经济效益问题，更大范围来讲，也是营造邻里关系、创造人性化社区、有机城市的一种空间策略。

5.1 决定因素之一，概念原型

项目的空间布局和形态往往由项目的核心概念所确定。

项目核心概念和项目空间定型关系有三种，一种是意-形法，也就是先

当代MOMA实景图

有概念、再根据概念确定项目的空间布局和形态。第二种是形-意-形法，也就是先根据地块的形态，提炼和升华出概念，再用概念指导项目空间布局和空间形态的确定。第三种是拷贝法，也就是找到项目可以参考的一个原型项目，再进行空间和形式上的模仿开发。

第一种方法——意-形法。代表案例为北京的当代MOMA，当代MOMA的设计者为纽约哥伦比亚大学教授斯蒂芬·霍尔（Steven Holl），其项目设计灵感来自收藏于MOMA（纽约当代艺术博物馆）的法国绘画大师马蒂斯（Matisse）的名作《舞蹈》（Dance）。作品描绘了五个携手绕圈的女性舞蹈人体，是一种轻松欢快又充满美感的场面。当代MOMA以此为创作灵感的来源，在建筑艺术方面充分发掘空间价值。

第二种方法——形-意-形法。代表案例是碧桂园凤凰城，凤凰城基地从空间上来看，犹如一个展翅飞翔的凤凰，而且凤凰在中国传统文化中也象征着吉兆和丰运，具有一种穿越时间和空间的精神象征和底蕴。所以，设计师依据地形，以“凤凰城”为项目概念，精心构筑整体蓝图，产品布局形神兼备地体现了凤凰起舞的优美形态，寓意了项目对现代人美好生活理想的承载和升华。

第三种方法——拷贝法。在地产思想采购风潮下，许多项目都是把一个整体的空间形态或者生活方式直接移植过来。比如，万科第五园的空间原型来源于中国传统的村落。

5.2 决定因素之二，项目指标

项目的基本数据以及基本指标，对项目在空间布局和空间形态的确定有一定的限定性。特别是项目的一些关键性指标，比如，地块的长度和宽度、容积率、限高、建筑密度、绿化率等，对项目最终的空间形态有着很大的影响。

比如，当容积率，在0.1~0.3时建筑形态多为奢侈性独立别墅；容积率在0.4~0.8时，建筑形态多为经济型联排别墅；容积率在0.8以上时，建筑形态多为花园洋房或多层住宅。而许多住区为提高项目的形象和档次，在

1.0左右的容积率情况下，也可以开发出合院别墅、叠加别墅等别墅类型产品来。

上海龙湖蓝湖郡的新里弄式院落别墅，曾荣获国家实用新型专利。在建筑的组织形态上，项目以每12栋别墅组成一个山地院落景观组团。每栋别墅除了享有自己的前庭后院私密空间之外，还共享一个300多平方米公共的下沉式庭院，产品以中心共享庭院为交流休闲的场所，形成了良好的邻里生活氛围。而各个建筑组团之间以“里弄”区隔。

蓝湖郡规划图

所以，虽然项目的指标具有一定的限定性。但是，可以通过产品形态创新和组合方式创新，营造出一个即具有独立别墅优点，又能够满足邻里交流场所的节地型居住环境来。里弄式院落别墅是空间节约化利用和居住舒适性之间均衡后的一种产品模式。

而对于较大规模的社区，通过高容积率组团和低容积组团的组合，可以使项目在局部实现低密度别墅产品的开发，从而形成丰富的产品组合，满足不同客群需求，提升项目整体形象。

比如，龙湖上海的滟澜山截取1.6千米自然黄金水岸，纵横规划出浪漫的“五轴五镇”；海滟澜山项目整体建筑规划为行列式排布。项目整体容积率为1；由叠加别墅、联排别墅及双拼别墅三种产品形态构成。其中叠加别墅部分容积率约为1.3；双拼和联排别墅部分容积率约为0.8。其中沿河景观效果最好的一线为双拼别墅、中间布置联排别墅、靠近西侧行车道的为叠加别墅，比较合理地安排了产品的排布。

5.3 决定因素之三，地块因素

项目空间布局和空间形态的确定，与项目所处的地块的尺寸、地形、地貌、高差、地块的肌理等有很大的关系。项目定形除了与地块的自然因素有很大的关系之外，有时，为了创造更好的社区，可以人工对地块进行改造，创造出更具价值的基础性空间来。

比如，有些项目的规划以地块的自然肌理为框架，而不是以传统的交通路线为框架。例如，深圳东部华侨城天麓别墅根据山势特征组织路网和建筑布局，建筑随山起伏，采取回转排序布局，使建筑曲线与山体的曲线相吻合，避免了与山际线的视觉冲突，以高低错落有序的几何形体组合创作出一个富有现代感的山地建筑群。

东部华侨城天麓别墅

在有些地块之上，还遗留有许多的建筑、植被、工厂、道路、市政设施、文化遗迹等。它们可以对项目产生正面或者负面的影响。所以，这些因素也是项目在空间规划和布局上要考虑如何进行利用或者进行规避的。

华润24城，位于成都市武侯区。项目通过建造高层住宅的规划方法，降低了住宅密度，尽可能把原有17000 棵原生树和已有道路进行保留。规划师们把显示着树木位置的测绘图当做底图，让建筑物避开树丛；把树木聚集区规划为社区公园或邻里公共场所等。

规划尽可能利用现有路网作为邻里巷道，把房子安排在目前的街廓里，从而有效保留工厂内原生态景观、树木和部分工业厂房、工业机床、瞭望塔等原地块历史特征，营造出独特的“50年代老工业”主题文化氛围。

5.4 决定因素之四，资源导向

景观价值对于一些项目具有重要的意义。所以，对于具有景观资源的项目来讲，景观资源的最大化利用是项目空间布局和空间形态的一个重要因素。

比如，笔者曾经为了最大化利用深圳南山区一个项目的景观价值，提出五维视窗（5V-Windows）的产品设计理念，即要求产品的排布和户型的设计尽量满足项目内部超大东南亚海滩园林、项目外部28万平方米月亮湾公园、20万平方米青青世界、350公顷大南山公园、前海海景等五个维度景观的观赏，通过项目多维景观的营造和导入，以此来实现项目的差异化价值。

项目为了最大化的导入景观，避免景观的遮挡，一般有两个方式。一种方面就是在垂直方向上的错开，比如万科的十七英里，通过坡地的自然高差，使别墅从垂直方向上错开空间。还有一种方式是从水平方向上错开空间，留出后面的视野，比如红树西岸，采用风车型设计，三幢建筑被设置在能欣赏到海湾景致和西面高尔夫球场景观的最佳位置上。

世茂佘山庄园效果图

为了最大化利用资源，开发者还可以对自然的地形地貌进行人工的改造。

比如，世茂佘山庄园位于佘山国家森林度假区，整个规划占地面积为1000多亩，项目以0.1超低容积率规划72幢“地中海混合”式，典雅浪漫的“普罗旺斯”式，富有乡村情调的“托斯卡纳”式，颇具英伦贵族风范的“威斯切斯特”式，汲取摩洛哥以及葡萄牙风格的“蒙地卡罗”式等不同风格的单栋式庄园别墅。别墅分布于六万余平方米生态湖泊中近20个人工小岛之上，户户临水，岛岛相望，堪称真正的岛居别墅。

5.5 决定因素之五，价值契合

一方面，不同地块具有不同的价值等级。所以，对于不同地块，其产品的排布要和地块的价值等级相契合。另一方面，地块的不同部分，其所具有的商务功能、商业功能、居住功能等价值也是不同的，所以，不同物业类型的排布要和地块不同部分的最优属性、最佳使用功能相契合，以此实现项目整体的价值最大化。

华贸中心是北京市60项重大工程之一，是东长安街上地标性百万平方米超大规模商务建筑集群。项目占地超过30公顷，开发建设规模近百万平方米，由三栋逾百米甲级智能写字楼、里兹·卡尔顿(The Ritz-Carlton)和万豪(Marriott)两座超豪华酒店、5万平方米华贸商务楼、18万平方米华贸购物中心、15万平方米国际公寓组成。

因为项目地处北京CBD，所以商务功能是本项目的主要功能，而且写字楼定位为为世界五百强企业量身订做的顶级办公场所，所以，写字楼的位置被排布在具有最佳展示面的临长安街区域。

购物中心紧邻大望路和长安街交汇处，与地铁口进行完全对接，这是商业项目应占据最大人流量位置的原则决定了，商业也从南区的高端购物中心过渡到北区的中端商业街业态，这符合商业价值递减的等级分布。商业也连通了商务和居住两大板块。

酒店从功能上来讲，往往是商务功能的配套，不是本项目最核心功能，

华贸中心实景

所以，没有临着主要的交通干道，而是把酒店放在写字楼以北、住宅以南。

项目最北部设置的商务公寓和住宅性公寓，商务公寓适合小公司、小企业用来办公，是项目商务功能的补充。居住功能放置在商业价值最弱，也是较为安静的地方，符合居住功能的基本要求，也符合项目整体价值最大化的原则。

5.6 决定因素之六，多维关系

空间单元和空间模块之间具有多种关系。比如主次关系，并列关系，互补关系、承接关系，过渡关系，排斥关系等。空间单元的组织方式往往是这些内在逻辑关系的外在反映。所以，在空间布局上，应该使不同的空间模块在组合和排布具有一定的秩序性、有机性和协调性。

以主次性关系为例：对于具有多种物业类型的项目来说，它们的主次性和重要性是不同的。所以，项目在空间布局与规划中，一般来说，主要功能往往占据空间比例最大、享有最好的景观资源、具有最便捷的交通动线，具有最佳的展示面，是优先考虑和满足的。

比如，在住区的开发中，一些公共场所和设施，比如酒店、会所、中心景观，商业配套等，往往是社区共享的最主要部分，所以需要重点考量，它们的位置一般都处于社区的出入口，或者社区的中心位置。

由于空间功能的多样性，使空间的组织关系和逻辑关系也具有了复杂性和系统性。而且，有些空间的组织方式往往在许多项目中是通用的，是一个形成良好空间布局的模板。

比如，我们可以把写作时常用的“起、承、转、合”等手法，也应用到建筑的空间布局中来。以深圳波托菲诺为例：私家林荫大道是连接社区和主干道的外部交通纽带，具有“起”的作用。而社区的入口广场起到承接的作用，再通过社区出入口和内部交通，居民可以进入社区内部，或者通过中间商业街区，把居民引导到燕栖湖畔公共滨水休闲区域，实现从一个空间到另一空间的转接作用。

空间和空间的功能关系不仅仅表现在项目的内部，项目外部空间和项目内部空间之间也存在着相互影响的多种关系，项目内部的空间布局和空间形态也要兼顾到外部空间的特征和影响。

北辰三角洲项目位于长沙市开福区，湘江与浏阳河交汇处，西临湘江，北依浏阳河，滨水岸线长达3000米。项目采用“汇聚城市特色、融入自然环境、重塑水岸绿洲、打造活力新城”的总体规划理念。将区域内部与城市外部顺畅连接；把“山、水、洲、城”的城市特点融入到新城的开发当中，延续长沙原有的规整大气的城市空间肌理和特色风貌，塑造随水流动的景观空间，随街流动的商业空间、随势流动的建筑空间，建成富有张力的“有机生长”的城市新区。

5.7 决定因素之七，组织形式

在住区开发和城市开发过程中，在不同阶段出现过不同的规划理论。这些理论提出了多种的空间组织形式，比如邻里单元、新城市主义、紧凑型城市等，它们所提出的空间组织形式对社区规划产生了深远的影响。

比如，1929年美国人科拉伦斯·佩里（Clarence Perry）创建了“邻里单元”（Neighbourhood Unit）理论。邻里单元理论包括6个要点：根据学校确定邻里的规模；过境交通大道布置在四周形成边界；营造邻里公共空间；邻里中央位置布置公共设施；交通枢纽地带集中布置邻里商业服务；具有不与外部衔接的内部道路系统。邻里单元是组成居住区的核心细胞，是为适应现代城市因机动交通的发展而作出的住宅区布局规划。

这些理论到现在还具有很强的实用价值。比如，中新天津生态城总体规划根据生态规划理念，结合新加坡“邻里单元”理念，形成了符合生态城示范要求的“生态社区模式”，包括基层社区、居住社区、综合片区三级组织体系。

基层社区由约400米×400米的街廓组成，以城市机动车道围合形成，内部包含完整的步行和自行车道路。基层社区中心服务半径为200~300米，服务人口约8000人，可满足社区居民就近获得日常医疗卫生、文化体育、商业服务的需求。居住社区由4个基层社区组成，通过步行和自行车系统连成网络，其中心服务半径为400~500米，服务人口约30000人，主要为居民提供日常医疗卫生、文化体育、商业服务、金融邮电等服务。综合片区由4~5个居住社区组成，场地灵活布置。片区中心结合轨道站点配置更高一级的管理、服务设施和公共绿地。

5.8 决定因素之八，人本需求

人的需求是建筑规划和营造的出发点和归宿点。住区规划也强调以人为本的设计原则。住区的规划布局也要遵循人性化的排布和尺度。这种人本的尺度即包括了自然尺度，也包括了人的精神尺度。

比如，金地秉承“科学筑家”的开发理念，坚持以科学理性的精神和眼光，深切关怀客户，运用科学合理、契合消费者需要的技术和服务，带给消费者舒适完美的居住环境，实现高品质的人居生活。

比如，金地香蜜山项目。南北朝向是一般社区最基本的朝向。但是，金地香蜜山总体规划有别于常规的设计方式，充分利用山地地形，通过采取南偏东约25度的错落行列式布局，迎合城市主导方向，形成自然山地地形与规整几何布局相对比的丰富院落，小区环境充满自然、山地特色；同时通过这一布局，最大限度地获得基地东南向的城市自然景观资源以及最大限度地规避城市道路的噪音影响。

以人为本，不仅仅体现在某个方面或者细节上，好的社区的每一个方面都可以体现对人的关怀。以万科第五园为例：从整体形态上来看，第五园空间组织依据了充满生机活力和生活情趣的村的形态。整个社区的规划是边界清晰的由不同形式的住宅组成的一个大村落。各“村”内部都有深幽的街巷或步行小路以及大小不同的院落组合而成，宜人的尺度构成了富有人情味的居住空间。

传统建筑往往考虑到“形式遵循功能和气候”的原则，第五园在设计也上吸取了富有广东地区特色的竹筒屋和冷巷的传统做法，通过小院、廊架、挑檐、高墙、花窗、孔洞以及缝隙，解决了通风、透气的功能需要，有效地降低了能耗，提高了居住的舒适度,体现了以人为本的营造理念。

5.9 决定因素之九，文化隐喻

一定的形式蕴含一定的意义，一定的意义需要一定形式来进行表达。

大多数建筑的形式是由功能决定。而一些非功能的因素也对建筑的形态和布局产生了很大的影响。这些非功能因素中，隐喻是其中重要的一种，它是人的心理、追求，情感、认知在建筑布局和形态上的一种体现。隐喻作为一种极其普遍和重要的思想情感表达方式，可以影响大到整个项目的布局，小到产品的某个具体形态。

没有精神、没有内涵、没有文化的建筑是冰冷而单调的。所以，建造师越来越追究建筑和使用者在精神上的某种契合和共鸣。而文化隐喻的设计语言是实现此目的最佳手段之一。

盘古大观开发商本着打造“讲中国语言的世界级建筑”这一理念，力邀

盘古大观效果图

世界著名华人建筑师李祖原亲自设计。李祖原将华夏五千年龙图腾与中国传统文化精髓有机地融于一体，以高191.65米的写字楼为龙首，三栋国际公寓、一栋七星酒店由南向北依次延伸近700米，令整座建筑体形如一条通体雪白的巨龙。

北京盘古大观充分呼应了项目特殊的地理位置和人文价值，将传统文化与建筑巧妙地融为一体，以国人心中信奉的文化图腾为建筑外形，使项目成为一座具有东方形态和灵魂的建筑，一座能够呼应北京城市龙脉、弘扬传统文化的建筑。

5.10 决定因素之十，经济效益

经济效益是开发商考虑的首要目标。所以，项目的空间布局和规划形态都要考虑到能够实现项目的经济目标。经济效益的保证可以从以下三个方面获得：

其一，保证开发量的最大化。即充分利用地形地貌，用足用好项目的容积率等，尽可能多地开发不占容积率的地上和地下空间，甚至采用目前“赠送面积”的方式，增加项目的实际可销售面积。

其二，保证最佳的业态组合。不同的业态，其单位面积所贡献的收益是不同的。所以，项目要尽可能多做高利润贡献率的业态。比如，由于商业地产的高收益性，一般项目都在尽可能多地开发商业物业。所以，我们就往往看到社区的外围基本都是被商业空间所占据，而综合体项目整个裙楼往往也是都被用作商业用途。

即使是同样是居住功能，不同的产品也具有不同的单位收益贡献率。比如，在顺德这样的城市，高端消费者骨子里有着对别墅的特别偏好。所以，别墅的价格数倍于住宅的价格，每平方米别墅的纯收益更是远远高于一般高层住宅。所以，项目通过降低容积率的方法，把高层、多层混合的社区改为纯粹的类别墅社区，可以获得更好的收益。

其三，保证最佳的综合性效益。有时项目最大化的经济收益，不是通过高密度、高容积率的排布方式实现的。为了项目整体均好性和舒适性，往往还要适当减少建筑密度，增加园林，尽可能多地扩大优质资源户型的比例，从而扩大产品的溢价幅度。

6．产品创新的十大策略

创新改变了通常的、同质化的开发方式和竞争方式。所以，它是超越竞争对手、建立项目价值和优势、满足和超越消费者需求的最重要的方法和策略。

一般来讲，一个房地产项目开发过程中的创新包括：理念创新、产品创新、营销创新、服务创新等四个最重要方面。而一个房地产项目的产品创新主要包括：理念性创新、功能性创新、空间性创新、场所性创新、升级性创新，生态化创新、高技化创新、跨界性创新、附加性创新、文化性创新等十个方面。

6.1 策略之一，理念性创新

思想指导行动。企业的开发理念决定了项目设计方向和开发模式。企业开发理念的革新也必然会促进其所开发产品的创新。开发理念的进步也会带动整个行业的进步。

比如，金地倡导的“科学筑家”的开发理念：在产品上以科学的方法创造价值，实现居住的本质，使产品竞争从功能上提升到性能上，真正贴近人性的需要。

在深圳金地梅陇镇项目，金地将专业节能咨询机构引入设计环节，借助专业机构的计算机模拟软件PKPM，对金地梅陇镇建筑单体节能进行系统分析，得出小区整体热辐射分析结果。以此为依据，对建筑开窗率、门窗型材、保温构造、遮阳措施等关系节能的关键环节进行修改，最大限度地保证了居住的舒适性和建筑的节能性。

就像概念汽车（Concept Car）一样，汽车商以体现超前设计思想和水平的样车，来展现制造厂家雄厚的科研和新产品开发能力，同时也起着“引导消费”的作用。有些地产项目也类似于概念车式的超前性和探索性创新。

比如，长城脚下的公社项目，位于北京延庆县水关长城附近。项目占地

8平方千米，由12名亚洲杰出建筑师设计建造的、私人收藏的当代建筑艺术作品。潘石屹旨在创建一个当代建筑艺术博物馆，收藏当代建筑艺术并为中国的建筑时代留下精品的“建筑师走廊”。

长城脚下的公社别墅：“手提箱”

项目一期共有12栋建筑，包括一个俱乐部和11栋别墅，十二栋建筑错落有致地依山而居，分别由12位亚洲著名建筑师设计，他们代表了崛起后亚洲的建筑思想和建筑艺术。每幢建筑都重视空间创新，却又具有鲜明的自身风格。这些建筑都是年轻亚洲建筑师个性、思想和才华的表达。

该项目是中国第一个被威尼斯双年展邀请参展并荣获“建筑艺术推动大奖”的建筑作品，同时，用木材和硬纸板制作的参展模型也被法国巴黎的蓬皮杜艺术中心收藏。项目也被美国《商业周刊》评为“中国十大新建筑奇迹”之一。

由于开发理念的超前性和创新性，使这类产品往往具有概念化、超前性、原创性、实验性等特点。这是地产界的有益的尝试和探索。

6.2 策略之二，功能性创新

在房地产的开发过程中，各种不同功能被逐渐地复合到项目中来。从整个社区的角度来讲，除了基本的居住功能之外，诸如教育、医疗，社交、商务等社会功能也逐渐地被增加进来。

比如，在大盘的开发中，采用“跳出地产做地产”的复合地产模式，形成了教育地产，文化地产，运动地产，旅游地产等多种开发模式，使项目成为一个多元功能的价值体系。

比如，狮子湖高尔夫项目位于清远的南大门，定位于南中国首席政务商务休闲交流平台。这个政务商务休闲交流平台功能很少出现在其他项目中，可以说是功能的一种创新，为项目的使用者提供了差异化的价值。

项目以高尔夫为引爆点，同时配置了酒店、游艇、温泉SPA、生态别墅等功能，力求使得狮子湖能名副其实地成为中国首家集居住、商务、休闲、外交为一体的顶级政商社交平台。

由于定位的不同，除了基本的居住之外，狮子湖在产品打造上更注重与政务、商务有关的产品设计和创新。比如，项目在三期产品上特别强化了party区、泳池、健身、藏酒品酒室、KTV房、桌球区、雪茄区等功能区的设计，具有很强的休闲商务功能。这既照顾到业主的社交需求，又考虑到业主家庭聚会、家庭会议，甚至几代同堂的家族生活需求。

狮子湖项目实景

每年举行的全球驻华大使狮子湖峰会，汇集全球驻华大使、世界银行家、跨国企业家等高端领袖。这使狮子湖成为珠三角企业家走向世界的桥梁和纽带。在这里关注的不仅是休闲与交流，更多的是世界发展与时代机遇。

狮子湖全方位高标准的功能组合将使这一度假区成为中国政企精英、财富领袖进行高端商务交流、休闲度假，养生居住的综合型一站式理想平台，成为珠三角企业界沟通世界的政务商务场所。

6.3 策略之三，空间性创新

同样的功能可以用不同的空间形态来解决，比如客家的围楼，阑干的架空层，四合院的围墙都有着保护作用。所以，为了实现同一功能，我们可以借用不同的空间形式来实现。并且，随着消费者新需求的出现，我们也可以用创新空间来满足这些新需求和新目标。比如，为了节约用地，我们可以用立体空间、超高建筑、地下空间等来实现此目标。

比如，北京当代MOMA位于东直门迎宾国道北侧，拥有北京的地标性区位优势，项目规划建筑面积22万平方米，其中住宅为13.5万平方米，配套商业面积达8.5万平方米。

项目包括多厅艺术影院，画廊，图书馆等文化展览设施，还包括了精品酒店，国际幼儿园，顶级餐饮，顶级俱乐部及健身房、游泳池、网球馆等生活设施与体育休闲设施。项目在九栋塔楼的14~19层由空中连廊连接。空中连廊串联起居住者大部分休闲活动。这充分地发掘了城市空间的价值，将城市空间从平面、竖向的联系进一步发展为立体的城市空间。

当代MOMA由纽约大楼的哥伦比亚大学教授Steven Holl设计，2007年，当代MOMA更与鸟巢、CCTV并列获得美国《TIME》周刊评选的2007年世界十大建筑奇迹，项目可以从整体上进行空间创新，也可以从局部进行空间创新。比如，阳光车库，底层架空、人车分流，空中花园，空中合院等。这些已经大量的应用到项目的开发过程中了。但具体到各个项目，又有着不同的具体创新方式。

比如，深圳红树西岸，其半地下车库设计了上下串通式椭圆形采光区域，使地下车库光线可以从地面直接照射到地下一二层。地下车库西侧设计了三个地下水景，使车库内部实现了小桥流水的景象。其在地下车库的在斜坡上设计了绿化植被及高大的乔木，极具观赏性。这就比传统的阳光车库更加人性化和生态化。

6.4 策略之四，场所性创新

著名挪威城市建筑学家诺伯舒兹曾在1979年提出了“场所精神”的概念。“场所”在某种意义上，是一个人记忆的一种物体化和空间化，或者是对一个地方的认同感和归属感。所以，场所营造是生活方式营造的基础。场所创新也是项目创新的途径之一。

龙湖上海滟澜山项目位于青浦区赵巷镇，紧邻1.6千米自然黄金水岸。滟澜山以“五轴五镇”的整体规划，以莱蒙湖印象、普罗旺斯之香、托斯卡纳时光、波尔多往事、克里特传说五个特色小镇构筑的地中海度假生活印象。

从项目整体来看，为了营造地中海式优美环境与度假生活，滟澜山采用挖土、引溪、屯坡、堆山、精心雕琢的手法营造立体花园住区。在这里，生活是一次度假式的心理体验。花海、绿野、坡地、堤岸、白桦林、密林径随着道路此起彼伏。

龙湖上海滟澜山实景图

就具体的空间来看，项目营造出婚礼草坪、西班牙音乐广场、刚多拉码头等多个极具异域风情的体验场所。比如，婚礼草坪，可以作为婚礼庆典、歌舞表演、生日聚会等多种活动的场所。这也是上海目前为止第一个具有“婚礼草坪”概念的会所。

而龙湖滟澜山的包装，无论从平面还是到立体，也都围绕一个“女性”主题，打造出一幅幅女性向往的唯美的画面。这些充满情趣和异域风情的场所设计，触动了消费者内心对于美好生活的向往。

6.5 策略之五，升级性创新

消费升级和需求升级是当今社会发展最重要的引擎之一。客户需求在逐步升级化，产品的创新也需要逐步升级化。客户需求无止境，产品创新亦无止境。

龙湖弗莱明戈实景图

比如，龙湖的弗莱明戈以别墅手法造洋房。项目容积率为1.0，采取创新设计更让洋房具有了别墅的建筑特征与奢华气质。这种产品升级性的提升主要表现在以下三个方面。

首先，项目以独栋/双拼的建筑形态打破了一般花园洋房以4~5个单元并排的格局，形态更接近于别墅。只有1~2个单元组成的西班牙风情小洋楼，更融合了大量别墅才会用到的空间和形态。比如多层坡屋顶、富于变化的开窗等。

其次，在空间设计上，项目处处考虑到住户的专属感和私密感，拥有多个弹性空间可供改造，龙湖弗莱明戈有些户型多达四个露台、一个阳台，充分考虑到客群个性化的品质生活需求。

并且，弗莱明戈拥有别墅一样的建筑品质。在外观和细节、项目的天井、凸窗、阳台、拱行的廊、粗砺的文化石、紫砂陶土筒瓦等元素与别墅一样具有鲜明的个性外，在用材上也与其别墅蓝湖郡保持了统一的标准，比如，采用具有质感的STUCOO外墙涂料。

再次，升级的最高级就是极致，王受之教授评价颐和原著项目时说道：从各个方面来说，颐和原著都已经是达到终极居所的水平，极致的地段、极致的产品形式、极致的环境、极致的精神内涵、极致的产品品质、极致的物业服务、极致的打造企业、极致的稀缺程度、极致的传世属性、极致的精神寄托、极致的收藏价值……这也是产品升级的高级境界。

6.6 策略之六，生态化创新

生态住宅以可持续发展的思想为指导，意在寻求自然、建筑和人三者之间的和谐统一。即在以人为本的基础上，利用自然条件和人工手段来创造一个有利于人们舒适、健康的生活环境，同时又要控制对于自然资源的使用，实现向自然索取与回报之间的平衡。

生态住宅是运用生态学原理设计、组织建筑内外空间中的各种物质因素，使物质、能源在建筑系统内有秩序地循环转换，获得一种高效、低耗、无废、无污染和生态平衡的人居环境。生态住宅的特征概括起来有四点，即舒适、健康、高效和节能。

东丽湖·万科城是万科新十年规划的第三个项目。这也给万科提供了一个探索生态住区的最佳场所，项目占地270多万平方米，也是万科目前在全国范围内最大的房地产项目，被认为是万科生态住区的范例。

东丽湖·万科城项目位于天津市区和滨海城区的中心位置，正好迎合了天津城市东移和2020天津总体规划的发展。对于这个项目，万科将要分七期进行开发。也正是缘自该地区的天然湿地环境，它将被建设成新型的生态社区。

万科城湿地公园位于东丽湖畔，占地27万平方米，居于项目地块中部，与地块内西侧广阔的国际滑水赛道、地块以南的东丽湖相呼应，共同构成万科城丰富的水体资源。所以，水环境整体规划是东丽湖·万科城生态规划的重中之重。在项目一期中，使雨水通过地面雨水收集系统，进入约10.5万平方米的人工湖，使人工湿地和湖形成一个净化循环系统。

东丽湖·万科城内的万科生态住区博览馆，展示了东丽湖·万科城所采用的25项生态技术，这些技术覆盖了水环境、植物环境、绿色空气环境、绿色声环境、室内环境、地热资源与节能以及有机垃圾处理等七个方面，可以说是目前国内最为齐全的住区生态技术展览馆。

早先国内绿色地产先行者们还显得形单影只时，朗诗地产总裁田明就曾发出论断：中国的房地产业亟待转型，绿色是唯一的道路。现在，越来越多的房地产企业开始追求“绿色”地产。

作为一个生态建筑、除了要讲求人与自然和谐发展，合理利用自然形成的自然资源，与自然和谐相处之外，项目的开发还要遵循：建筑材料环保化；环境建设生态化；生活能源清洁化；住宅功能智能化；物质消耗循环化等生态化开发理念。

6.7 策略之七，高技化创新

随着科学技术的发展，越来越多的先进技术被应用到项目的开发中来。比如，智能家居系统所占房地产开发的成本比例不高。但能明显提高楼盘的吸引力，增值作用显著。越来越多的消费者，尤其是有一定文化层次和经济实力的楼盘买家，已把住宅智能化程度作为选择项目的一个重要参考。

在2004年，万顺倾力打造赛顿中心（City Centre），该项目由法国普瑞思(ZPLUS)顾问公司设计的融合“新功能-新技术-新形式”为一体的顶级智能化写字楼+国际公寓高层建筑项目。

赛顿中心坐落于天津市稀有地界五大道中心区域，明显的区位优势、基础教育优势和人文环境优势，使其成为天津城市中心的高端豪宅。赛顿中心的智能化家居系统无疑是项目中最吸引人的一部分。它所采用的是世界500强企业之一的美国霍尼韦尔公司所生产的进口原装系统。该智能系统包括安全防范系统、智能家居系统、信息服务系统、物业管理系统等，具有20多个子系统。

赛顿中心以霍尼韦尔“家庭网关”(Home Gateway)为平台的智慧家居系

统为业主提供了户内自动控制的多协议网络接入平台，同时轻松构建智能社区的信息平台。每户智慧家居系统利用家庭网络系统和以太网作为传输平台，通过和小区的服务系统、小区各个子系统实现数据共享和联动控制；同时智慧家居系统以家庭网关为系统核心，连接了网络家电、紧急呼叫、门禁、灯光控制模块、火警探测器、红外探测器、电子门锁以及触摸屏操作终端，整合了空调控制、信息家电控制、安防系统、煤气阀控制、灯光控制、窗帘控制、场景联动控制、可视对讲以及通信系统。

赛顿在天津率先采用美国Honeywell的家居自动化系统，同步于国际的智能家居水平，实现了集社区安防-物业管理-信息网络及智能化家居于一体的智能化管理系统，使项目的高科技应用达到了很高的水平。

6.8 策略之八，跨界性创新

跨界创新是指超越原有的基本范畴，从不同空间、区域、学科、功能、领域之中寻找解决问题的方法或者寻找创新的手法。最常见跨界创新就是并把不同领域具有一定跨度的事物整合在一起，以产生新的事物或者新的效果。

万科青山湖效果图

比如，万科青山湖把书法绘画文化与项目园林意境营造结合在一起。在园林设计中，万科青山湖引入了清代南昌绘画大师八大山人的书画笔意，将传统中国书法绘画的笔意结合自然界的山川河流的动线，形成万科青山湖的景观创意，展现出中式建筑的典雅之美。

而当代MOMA发起的“跨界定制住宅”，集合了家具设计、空间整理、色彩搭配，家饰配置，行为科学等各领域的思潮，并进行跨界合作，依据某一特定客户的性格、爱好、修养、志趣，家庭结构，生活习惯，从设计、施工到软装饰提供完全个人色彩的私家豪宅服务。

当代MOMA“住宅定制”服务具备四大特点。其一，量身定制。大到空间格局，小到餐桌上的一件配饰，完全由设计师进行“一对一”的设计完成；其二，可以对空间进行二次重塑。比如，室内空间的改造、各个功能空间的改变等。其三，家具定制。不同的家庭和生活方式对家具的需求各有不同，集合名家旗下诸多家具品牌，为购房者进行定制设计。其四，成品交付。大到空间的重新分隔，家具的进场，小到墙壁上的画作，都由专业的设计师为消费者布置停当，消费者只需拿着一把钥匙即可开启奢享之旅。

6.9 策略之九，复合性创新

一些项目在开发过程中，会导入更多的复合功能和附加功能。比如所谓城市综合体是指将居住、购物、餐饮、娱乐、办公、会展等若干功能在空间上进行组合，在各部分间建立一种相互依存、相互补益的关系，从而形成一个多功能、高效率、复合而多元的综合体。这种产品模式，可以使消费者获得多元的生活体验和更多的附加价值。

除了多种功能的复合，一些项目也拓宽了给消费者提供更多附加价值的途径。比如，香港贝沙湾，位处港岛南区传统豪宅地段，是富豪、名人居所的集中地。其地理环境与美国加州比华利山的豪宅区相似，背靠翠绿山林，并沿700米海岸线。

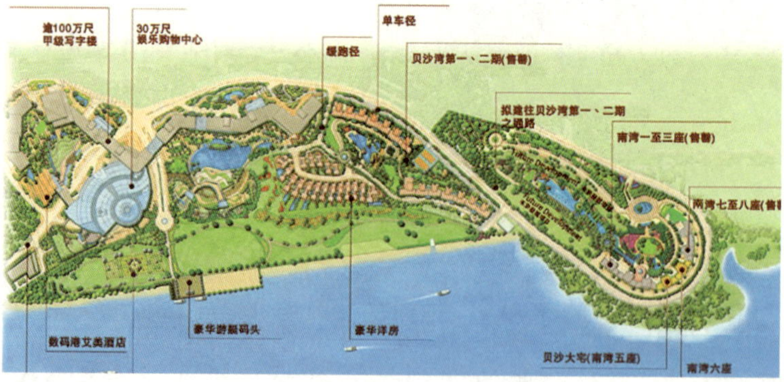

香港贝沙湾效果图

而贝沙湾会所（ClubBel-Air）堪称全港最豪华和设备最齐全的会所，

面积共达12万平方米，共设有9个主题会所，其主要功能如下。

1. Fine Arts Club：收集了超过300件来自全球拍卖行、艺术馆及私人收藏家的艺术名作，住户只需凭签账积分，即可将艺术品租借回家去欣赏。此外，会所更会定期安排艺术展览及讲座。

2. Sky Club、Dream Car Club和Yacht Club：提供私人客机及直升机服务，并为住客设计不同的航程。此外，特别提供豪华游艇和名贵房车如劳斯莱斯、法拉利及保时捷的接载及租用服务。

3. Entertainment Club、Kids' Club：会所定期邀请世界级音乐大师为住户举办各类型的艺术表演，还不定期举办著名时装品牌最新系列的时装表演。特邀著名国际级小提琴家西崎崇子进驻，教授贝沙湾的小朋友演奏小提琴。

4. Health & Beauty Club：香港顶尖美发美容集团ILColpo开设其首家位于豪宅内的美发美容形象设计廊。法国奢侈品牌"娇兰"亦进驻会所提供星级水疗护理服务。

5. Wine & Cigar Club：由著名酒评家定期举办试酒会和雪茄品尝会，以供住客及专家互相交流心得。贝沙湾亦曾邀请苏富比的首席品酒家Serena Sutcliffe, M.W.在贝沙湾Wine & Cigar Club举行试酒大会。

这些会所提供的附加功能给消费者带来了更高端和更全面的享受。

6.10 策略之十，文化性创新

文化地产是主题地产之一，文化地产有两种营造模式：

其一：在文化上求同。一句"骨子里的中国"成为万科第五园开发的核心灵魂。以追溯先贤的庭院生活的理念，也使北京·观唐把传统中国文化做到极致。这些项目都是在传统文化中寻找与消费者契合的相同点。

其二：在文化上求异。不管是拷贝于意大利小镇的华侨城波托菲诺，还是主打西班牙风情的龙湖弗莱明戈等，各种异域风情主题的社区开发以蔚然成风，风靡全国。

除了在文化上求同和求异之外，更重要的是进行相应的文化改良和创新。

比如，九间堂位于浦东新区行政艺术中心区域内，集合了世界建筑大师矶崎新和中国内地和港、澳、台著名设计师的作品，每套别墅户均占地3亩，四周以3.5米高墙围拢，保证业主的私密性。

在体现和继承传统文化方面，九间堂采用“三开三进”的室内布局，这也是“九间堂”名称的由来，围合式室内与私家园林建筑布局更多地体现着传统建筑文化的精髓，可以说项目是一处遵循传统建筑手法建造的现代别墅，并在现代文化中流露出对传统文化的继承。

九间堂项目实景

九间堂讲求中式意境，现代体验。所以，除了中国传统文化以及建筑模式的沿袭之外，九间堂还进行了改良性创新。比如，用钢骨结构和混凝土框架结构对木结构进行更新；采用现代玻璃幕墙替换传统木门；以环保材料对原有墙砖、下水道系统等进行了更新。这些改进使项目更适应现代人的审美需求和生活习惯。

7．户型创新的十四大策略

户型设计作为产品设计的重要一环，是产品价值的重要组成部分，是超越竞争对手的有效方式，也是消费者购买项目最主要的依据。所以户型设计和创新在房地产项目开发过程中有着举足轻重的地位。

一套住宅应具备六大基本功能，即起居、饮食、洗浴、就寝、储藏、工作学习。这些功能根据其开放程度可以大体分为公、私两区；根据其活动特点可以分为动、静两区。以下是茅巍先生对户型功能空间的划分：

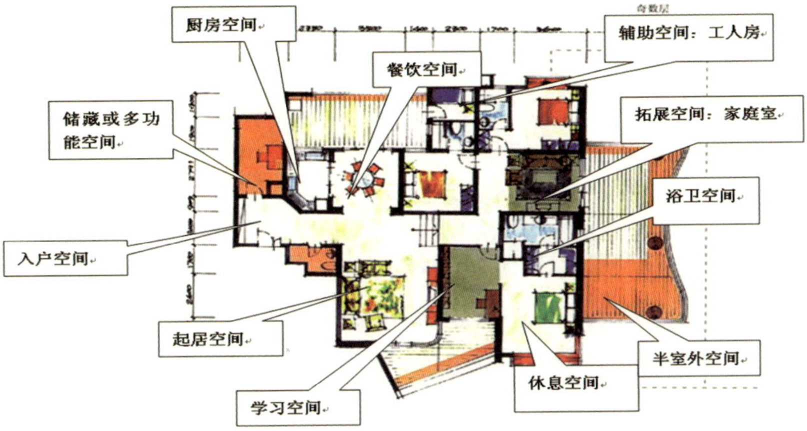

户型的功能划分

一般来说，居室中的流线可划分为家务流线、家人流线和访客流线，三条线要合理设计。而户型要尽量做到生理分区、功能分区、动静分区、内外分区、主次分区、干湿分区等。

一个好的户型评价标准应该包括和体现在舒适性、功能性、合理性、私密性、景观性、效率性、文化性和经济性。并且，好的住宅布局在社交、功能、私人空间上应该有效分隔。

7.1 策略之一，空间的分形与聚形

一个大的空间是由不同的小的空间单元组成的，这些大空间可以被重新

分离、分解为基本的空间单元，而这些空间单元再通过重新的组合、叠加、关联等方式组成新的空间结构和形态，以实现不同的功能。这个过程叫做空间的分形与聚形。其中：空间的分离和分解过程称为空间的分形；空间的组合、叠加、关联过程称为空间的聚形。

以广州逸泉山庄6期岭南粤园户型为例。不同于一般别墅的前庭后院，此户型精彩之处在于中心庭园的导入，通过中心庭园实现了以下两个目的。

广州逸泉山庄6期岭南粤园户型

其一，分离的目的。中心庭园的导入，使整个户型在前后方向上划分为两个区间。一个是对外的会客、停车等功能区间，一个是对内的家庭室、家庭餐饮等功能空间。前后分区减少了互相干扰。这一前一后分区也形成中国传统住宅两进的概念，通过空间的分离实现了功能的分区。

其二，聚合的目的。中心庭园的导入，也就导入了自然景观因素，形成真正的内部院落的概念，聚合在院落周边的会客，家庭起居、餐饮、包括二层的卧室等空间都也可以分享到自然景观，实现了良好的通风采光。它们都通过中心庭园有机地聚合在一起。

所以，一个空间的导入，使空间进行了重新的分形与聚形，创造出了分区明确、景观丰富的居住环境，带活了整个项目的空间布局和功能分区。所以，空间其实是个魔方，在于通过怎样的分离与组合，产生新的更加人性化的功能。

7.2 策略之二，空间的仿形与移植

空间的仿形是站在仿生学的立场，从自然界中直接采撷“可用的形式”应用在建筑设计和户型设计之中。在空间格局和形态上的模仿。有两种方

式，一种是一般性、直接性的仿形。还有一种是间接性、衍生性的仿形。

比如，高层户型中入户花园的应用，就是把地面的某些功能引入空中。甚至用入户花园＋空中园馆＋大阳台露台的方式，把别墅的前庭、中庭和后院的概念引入到高层产品中，也可以用复式的产品类型，把别墅的空间引入到高层的空间，形成叠加别墅，空中别墅的概念。

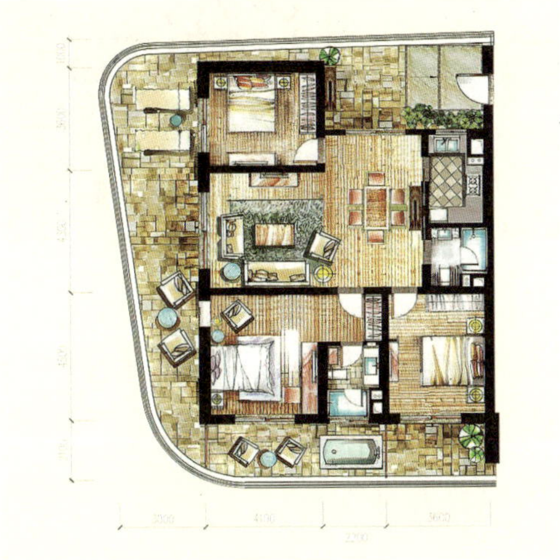

半山半岛以异形阳台作为户型之“肺”

而海南的半山半岛项目，通过了一个长长的侧向阳台，作为一个空间组织的灵魂与线索，阳台就是一个有顶的半户外空间，它可以被视为每个居住单元的“肺”。就像“肺”对于人体而言是一个呼吸器官，这个半户外空间也正是居住单元的“呼吸器官”，所有的功能空间都通向它，它朝向大海，将海上的清风以及海洋的气息吸纳进来，并输向住宅的各个功能空间。它是起居室的延伸，它是主卧室的重要组成部分，它也是另外一个餐厅。所以，它已经不仅仅只是一个阳台那么简单。这属于更广义上的仿形设计。

7.3 策略之三，空间的分化与独立

一般来讲，普通型住宅强调功能的齐全性和空间适应性；豪华型住宅强调创造高质量的生活环境，注重细节突出个性。而豪宅除了在面积区间上超大的特征之外，更有一个发展趋势就是空间的分化与独立。

这种创新手法在奢享型的产品中经常会应用到。比如，把客厅和起居室相分离，把中餐和西餐相分离，把洗浴和卫生间相分离，把入户空间独立设置等。分化是户型的进步，在户型功能和空间的分化过程中也可以看到社会进步的印记。

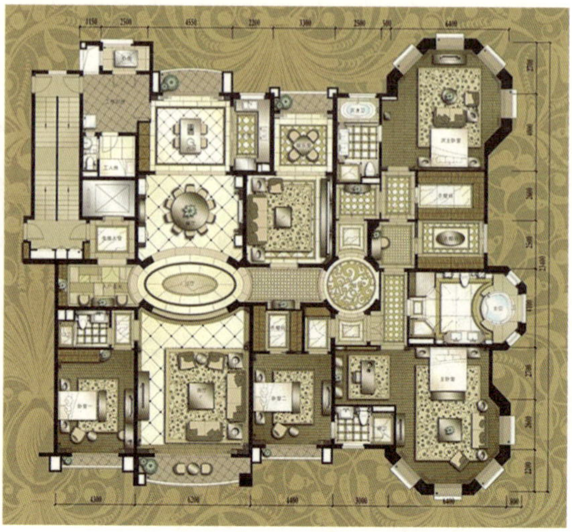

浦东星河湾A2户型图

传统住宅一般以“几室几厅几卫”来定义一个户型的基本属性。但许多豪宅项目已经摒弃这种空间模式。豪宅的户型往往采取采用套间化、分区化设计，除了主套间一般在70平方米以上之外，其他小套间均具备卫生间、阳台等生活功能空间。这使得套内的不同年龄人都获得了较为私密的生活空间，父母和孩子的生活干扰也被降到最低。

有些豪宅做到了私家电梯入户，而且更有一部分豪宅专门配备了保姆专用电梯，使楼栋的保姆入口和主人入口完全分开。这更保证了业主和保姆的动线不互相干扰。另外，即使是保姆间都配备了独立的盥洗室，能够满足保姆的大部分日常居住生活所需。

7.4 策略之四，空间的融合与共享

大户型讲求空间的分化和独立，而小户型由于面积的限制更强调紧凑化设计。小户型住宅强调满足基本生活要求，并朝着实用性、多功能等方面发展。所以，为了在小空间中实现多个功能和要求，就需要各个空间尽量能够融合和共享。

北京万科红60平方米左右一居

比如，北京万科红的45~78平方米精装公寓产品，该系列产品基于万科60平方米基本户型，这

些户型是万科结合城市年轻白领生活习惯和现代生活方式的首次尝试。户型中的厨房、客厅、睡眠区、衣帽间、四分离盥洗间等众多空间，可以通过镜面推拉移门相互融合和自由切换，以实现空间格局的改变。

其一，设计者通过玄关、厨房以及过道的空间共享节约了空间。其二，设计者把卧室、衣帽间、客厅、餐厅的空间进行共享和融合，可以在小户型中产生开间超过4米的宽厅来，可以形成健身室、工作间、酒吧、沙龙、餐厅等多个可变空间。其三，基于对家庭生活习惯的洞察，户型的四分离卫生间最大限度提高了卫浴空间的使用率。更重要的是，在四分离卫生间里特别设置家政空间、熨衣台面、收纳区等空间，这让生活更显方便。

7.5 策略之五，室内空间的室外化

最原始的居室是人在大自然的庇护所。但，人是自然的人。人永远对于阳光、空气、绿色都有着与生俱来的亲切感。所以，在户型设计时，除了考虑室内空间各种关系，还要考虑户型的室外空间和半室外空间的设计和创新。

长久以来，院落生活一直是中国人的居住方式之一。而现代人也希望在高层中的引入庭院概念，使居室能实现更充分的采光和通风，从而更加接近自然。这种空间的室外化逐渐成为住宅户型设计的主趋势。

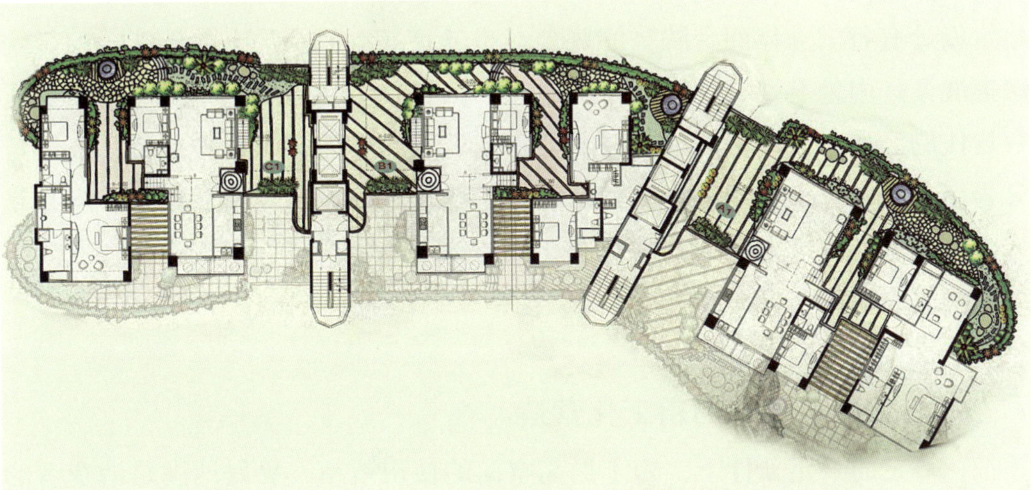

蝴蝶谷户型

比如，深圳蝴蝶谷项目，以“参与、分享、交流、和谐、融洽”为建筑设计的根本指导，在产品设计上把握原创性、唯一性、参与性原则，特别在空中别墅户型设计上，大量融入私家花园的概念，所有户型均拥有超大入户花园、前庭后院、挑高花园等多个室外半室外空间，实现室内空间庭院化，并具有270°景观视野，并最终达到室内与室外的互通互融，做到所有户型被自然所包围。

7.6 策略之六，平面空间的立体化

立体户型通常分为跃层、错层、复式几类。而户型设计中空间的立体化会有多种形式，比如，龙湖别墅中的下沉式花园，空中花园，底层做半地下抬高车库，下沉式客厅，超高层高、双层挑高客厅空间等。这些空间上的立体化设计，使空间在功能上、分区上、人性化上、利用率上都有着有益的改进。

比如，户型在平层基础上的设计出了局部挑空空间，兼顾平层居住的舒适性和挑空客厅的豪华度。扩大人们普通的尺度感觉，产生较强的视觉冲击力，提高居住舒适性。而龙湖独创的堆土造坡技术，使蓝湖香颂的“地下室”实际位于地平面之上，采光通风俱佳，并且彻底解决了传统别墅地下室潮湿及排水等问题。

除此之外，还有一些整体化的立体处理和创新形式。比如，颐和原著的建筑设计有着“立体四合院”的概念，也就是在空间布局上，延续了四合院次第展开、内外有别、讲求礼序的思想。但是在空间组织上，则采用了更适合居住的经典西式设计，地上两层地下两层：一楼侧重于对外接待，具体可分为商务、礼仪、生活起居三种功能；二楼是家庭起居空间；地下一层是私人会所，适合更亲密些朋友进行聚会等活动；地下二层是主人的兴趣空间，主要用于收藏和鉴赏。

7.7 策略之七，空间的精工化营造

在一定的限定条件下，为了提高空间的使用效率，更好地满足消费者的需求，需要户型从粗放式逐渐过渡到精工化的设计。

比如，中小户型最大的特点就是实用、舒适、紧凑。而紧凑并不是简单和局促，而是真正地做到空间的不浪费，最优化的满足用户所需。这就需要对人在住宅内的活动尺度，行为模式有深入的了解和研究，做到户型的精细化设计。

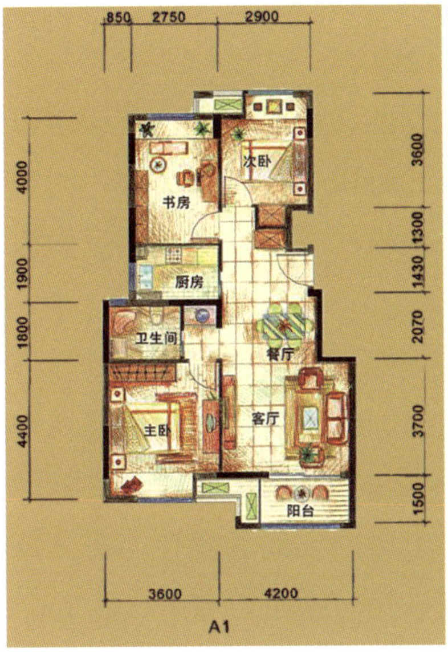

复地连城 89平方米三房

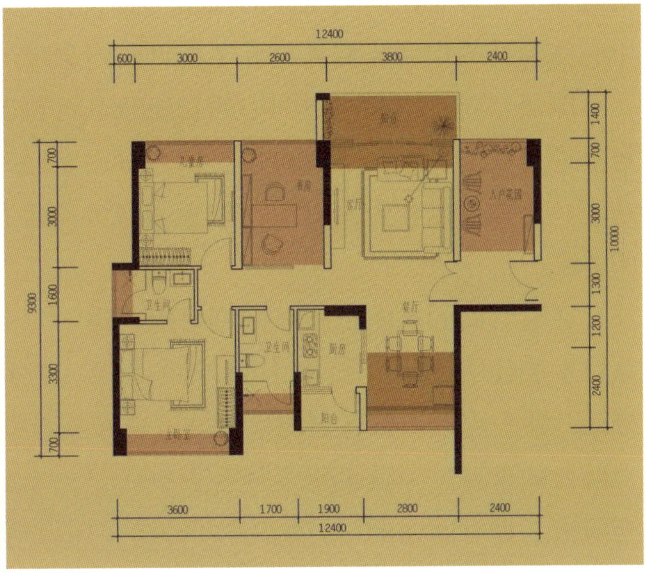

八意府89平方米三房+入户花园

比如，将89平方米户型做到三房从来都不是难题，但真正要做到空间的不浪费、保证空间的舒适度却有差异。复地连城通过多年来对住宅建筑的研究积累，使户型在空间上尽量做到超高利用率。

精品89平方米的三房户型，改变了市场上习惯一百多平方米面积区间三房的普遍做法，将89平方米的空间做到了极致：4.2米的客厅面宽、三大房设计、三飘窗、近12平方米左右舒适主卧、餐厅客厅一体化外连景观阳台。真正地做到空间的少浪费，满足了一般住户的舒适性需求。

而深圳八意府的89平方米户型，南北通透，双阳台设计，并通过赠送面积的手法增加了用户的实际使用面积。而多功能空间——入户花园可以做工人房、保姆房、书房、储物间等其他用途，这样可以把三房二厅拓展到四房二厅。

7.8 策略之八，利用空间的转换性

在不同的时间阶段，通过空间大小、组合、用途的重新改变，可以实现空间功能的转换。比如，通过空间功能或者格局的改变和重组，可以满足用户从两口之家到三口之家的家庭周期变化所需。这样可以使空间具有一定的功能弹性和可变性，使空间的使用功能具有更大的灵活性和适应性。对于其中有些独特的户型我们甚至称之为百变户型。

即使是同一空间，空间中的功能也是可以改变的。比如，入户花园可以将室外景观引入室内，也可用于扩大室内空间，并可以根据需要实现不同的功能。比如可以作为储物间、作为小书房、作为保姆房等，满足不同时间段的需求。

通过空间的重新组合，户型可以获得一定的弹性和适应性，比如，在许多日本的住宅中，房间采用可移动的家具、推拉门、隔音良好的轻质隔墙来分隔，住户可以根据各自的生活方式喜好随意组合。Steven Holl设计的福冈“融合的世界”，就采用了“合页空间”，丰富了室内空间的变化。在公寓套间内，没有固定的门、墙，移动式的门板和墙板随时都可以打开、合起，居民可随心所欲地改变空间格局，营造出一种自由、灵活、流动的空间。

阳光100·时光里位于天津红旗南路与快速路交口，除此先天的地理优势之外，阳光100·时光里最大的产品特色是全敞开式的无梁、无柱空间，不仅具备100%得房率，更有移动软墙，室内空间可随着墙体的滑动自由组合，88平方米的房间可以根据你的生活所需随意分离或组合。

7.9 策略之九，功能的导入与复合

户型设计是伴随着功能越来越多的导入和复合而发展的。

Club-house是万科·17英里的产品定位。它代表着建筑功能的延伸，房子除了满足居住功能外，还可以以类似Club的形态存在：可以进行接待、商务办公、作为个人收藏室或者是展示厅等用途，也可以是度假休闲的空间载体。Club-house产生的是一种以聚会和交流为核心，同时又十分强调私密性和专属性的居所形态。17英里的产品定位(Club-house)能满足

居住、商务、度假、甚至部分的商业功能的要求，给客户提供了的更多的购买理由和价值。

位于厦门环东海域的豪宅项目和谐天下，户型全部为194~2800平方米的大空间，标准层层高达3.3米，复式客厅、泳池和阳台挑高6.6米。每层每户均配置一部电梯，几乎每户都配置私家花园和私家空中泳池。

最令人震撼的是2800平方米的户型，它包括了35个大小不同的房间、20个卫生间、210平方米的天际泳池，住客畅游其中，亦可眺望远处浩瀚的大海。该户型配有专用直升机停机坪、劳斯莱斯及专用车位等。这些多种功能的导入和复合，为项目营造出了差异化的、顶级的生活方式。

7.10 策略之十，资源的导入与复合

户型的设计与外在的景观资源有很大关系。一些主要功能空间，除了考虑采光等因素外，往往也十分注重把景观资源融入进来。这种景观资源的导入，一种是视觉范畴的导入，主要体现为借景。一种是把真正景观在室内空间的导入，比如空中馆院、空中花园等。

万科深圳棠樾项目拥有良好的内部景观资源和外部景观资源，其一期产品综合容积率0.8，户户临水而居。并以水元素为主题，阐述东方居住美学，并运用东方文化特有的低调展现属于东方居住的奢华概念。

项目一期为联排别墅，依托景观河道资源，将客厅、餐厅、主卧室等主要功能空间均布置于面水一侧，使居者和访客的主要日常活动都尽量能欣赏到自然景观。项目户型具有12米超大面宽、客厅及门厅均有挑高，这有利于将户外景观、阳光、自然风等引入室内。

一期采用多层次院落设计，保证每户享有入户的前院、户内的中院和亲水的后院，端头单元更有侧院，形成了四重院落；首层前、中、后、侧的三个到四个庭院，与二楼、三楼的多个露台形成了上、中、下三重立体绿化。

项目把车位全部移到地下，地下室其总赠送面积将超过约400平方米。这样可以保证有更多的园林面积。在户内居住品质得到提高的同时，户外园林品质也得到了根本性的提高。

7.11 策略之十一，细节性空间的营造

细节决定成败。一般来讲，户型的细节性设计包括空调位、玄关、入户方式、过度空间、赠送面积、储藏空间、吸纳空间等各个辅助空间和非主要功能空间的设计。但对于优秀的设计师来讲，而更细节的设计来源于对消费者生活的深刻了解。

万科研发出全面家居解决方案，包括公共空间，玄关空间，厅房空间系统，厨房空间系统，享受型卫浴空间系统，收纳空间系统，家政空间系统，家居智能化空间系统。万科对其中的每一个单元都进行了更细节、更人性化的设计。

举例来说，万科在通过对消费者需求的深刻了解后，总结出一个户型的主卫生间设计的需要考虑17项细节性需求，其中与户型空间和功能设计紧密相关的有以下几条:

①需要满足洗脸、洗手、沐浴、上厕所、整理个人卫生、储藏等功能需求。②需要一个光线充足的，宽敞的空间。也许需要一个情景化的浴缸。③使用者会在手盆前洗脸、刷牙、剃须、吹头发、化妆、喷发胶，因此需要有足够的台面、搁板挂钩和电源来满足这部分功能。④使用者也许需要在浴室里养殖植物和金鱼的空间。⑤淋浴间考虑到洗澡空间的大小，使用者不希望碰撞到周围的墙上。⑥需要有多余洗涤卫生用品的存放空间。

这些细节上的考虑体现了万科精益求精的、追求完美的精神。这对于我们的户型设计可以起到很好的借鉴和启迪，这些客户需求需要我们在户型设计中要得到相应的考虑。

7.12 策略之十二，消极空间的积极化

一些空间，比如地下室、洗手间、厨房、入户走廊等空间，往往都是比较局促，脏乱的地方。通过对这些空间的优化设计，可以把负面的、消极的空间，变成积极和正面空间，甚至可以成为项目的独特价值点。

比如，对于地下室，可以采用半地下室侧窗采光，下沉式花园采光等方法，把原先只能进行停车、储物、作为设备房等功能改变为视听室、收藏

房、个人工作室、健身房等特色功能空间。比如，华润平门府项目的地下室则作为健身房、雪茄房、家庭影院、SPA馆、私人酒吧等多种用途。有的别墅项目进而把地下室设计为家庭会所，更丰富的家庭休闲娱乐空间成为项目独特而尊贵的卖点。

比如，地下室可以作为SPA室设计，其可以包括了按摩、瑜伽、泡澡、淋浴、桑拿、美容等各个功能。SPA室还可以增加音响设备、书、光、影、植物元素，成为精神的享受地。对于这样的洗浴空间来讲，已不是简单的洗浴概念，而是成为了身体的极度奢侈品。

7.13 策略之十三，户型拼合的应用

把单独的户型组合在一起形成新户型的方法叫做户型拼合。户型的拼合有两种，一种是平面上的拼合，是指在同一楼层内将相邻的户型进行拼合。这种方式往往以走廊或者入户花园为拼合的关联区域。一种是立体上的拼合。这种拼合是位于不同楼层的单体户型进行拼合。这种方式往往以阳台或者客厅为拼合的关联区域。

拼合户型最大的优点是各个拼合单元之间具有即区隔又关联的空间关系。所以，拼合户型具有一些新的功能和用途。以基本的1+1式由两个基本户型组合起来的拼合户型为例，其可以提供以下五种使用方式:

第一种，获得舒适空间。两个空间不管是在平面上，还是在立体上的拼合，都可以增加空间的使用面积，有利于营造舒适性，甚至奢侈性空间来。第二种，营造亲情空间。对于几代人合居的家庭而言，避免了老少两代人不同生活习惯的干扰，又方便相互照顾，构筑几代人融溶共处的美满大家庭。第三种，进行居住与工作功能组合。一套用来自己居住，一套用来办公。第四种，进行投资组合。两套房屋都可以拿来进行投资。或者一套拿来投资，收取租金。另一套拿来自用。第五种，满足家庭成长需要。当年轻一代的孩子长大后，可以居住在另一套房间中，满足家庭成长需求。

拼合户型在设计过程中应尽量具有灵活性，预留可以调整的弹性空间，尽量做到既能保证拼合后户型的综合素质，又能兼顾拼合前户型的合理性，

做到既能拼合又能拆分，满足多种需求。

7.14 策略之十四，注重地域文化因素

户型设计要注重项目所在地域的气候、地理、文化等特征。

比如，在海滨区域，度假性项目的产品户型设计往往会注重以下方面：营造多重室外空间和半室外空间，营造更多的亲近自然的途径，营造多重立体景观，营造多重的视觉观景方式。

在海南半山半岛的户型设计过程中，戴烈先生认为：与普通的住宅主要考虑功能和动线不尽相同，热带度假住宅的平面设计还要照顾到“气候”和“休闲性”这两大特征。在热带滨海度假住宅中，传统的厨房功能应该弱化，甚至有可能被一个吧台所取代；餐厅也并不需要那么固定，因为很难确定度假者会在哪个区域用餐；起居室不应该仅仅局限于室内，而应该走向室外、半室外；浴室变得十分重要，需要夸张一些并看得到大海，最好具备“制造故事”的潜力。

户型在设计上尽量增大景观面，减小进深，此外，尽量减少空间的分割，比如，74平方米的一房一厅两卫，充分体现度假产品的舒适要求；大面积的观景露台，主卧与客厅直接与观景台连通，采光很好；开放式西厨结合餐厅；干湿分离的洗手间；强化卧房的舒适与奢侈，强化主卧卫生间的景观。

8．景观营造的十二大策略

中国传统园林景观的营造受到三个层面的影响。其一，哲学层面，比如，建筑与园林往往受到天人合一、道法自然等思想的影响；其二，文化艺术层面，园林景观的营造一般都会从文化艺术的发展中汲取营养。其三，精神层面，园林的风格、意境等也体现了建造者内心精神世界的追求和愿望。

而现代景观营造除了哲学层面、文化艺术层面、精神层面之外，更注重人性化、生态化、情景化的场所的营造。从策划角度来看，景观更主要的作用和功能表现在：它是营造客户生活方式的重要组成部分，它也是进行市场竞争的有效手段。所以，下文就景观营造的一些方法予以总结。

8.1 策略之一，注重景观的战略性价值

有些项目具有差异性和垄断性的景观资源。所以，项目的设计要紧紧围绕景观资源的最大化利用来展开。而有些项目，为了获得差异化的市场竞争力，也会人工营造园林景观，并以此作为竞争的突破口。

一些项目所具有的景观价值远远超越了钢筋水泥组成的建筑本身的价值，从某种层面上来讲，消费者购买动机就是因为项目所具有的稀缺性景观资源，以及项目的整体性居住环境。比如万科、龙湖、星河湾等公司在项目开发过程中都把景观作为重要的营造部分。而有些项目，比如万科的十七英里，龙湖滟澜山等项目的景观都成为最有震撼力的卖点。

所以，景观具有战略性。有时，景观的价值远远大于建筑的价值，景观是改变项目属性和价值的工具之一。在这类项目中，项目的景观性作用不再处于次要位置，而是处于主角位置。景观也不是项目的战术性的卖点，而是关系到整个项目价值发挥，生活方式塑造等各方面成败的战略性问题。

8.2 策略之二，注重景观的表皮性作用

从景观与项目的关系来看，景观如同项目的外衣。景观是树立项目气

质、档次、附加值的一种重要手段。从景观与消费者的关系来看，建筑与景观组成了消费者视觉所能感受的第一界面，消费者通过这些界面来形成对项目的第一印象。所以，景观具有界面性和表皮性。

龙湖北京滟澜山实景

比如，龙湖·滟澜山从客户的自身体验出发，以原生态的造园手法来营造园林景观，讲求大面积的绿化率，应用“大型乔木全冠移植技术”、“五重立体绿化技术”、“360°成树定位”、“社区景观季相设计”等专有技术，以最好的景观规划和人身体验来表达“园林是建筑与社区的外立面”的设计理念。让居住于此的业主无论从哪个角度都可以看见错落有致的园林景观，使整个项目处于园林的覆盖和掩映之中。

8.3 策略之三，注重景观的主题性营造

景观是实现和升华项目定位的有效工具。不同风格的园林景观往往体现和支撑不同的项目风格定位。项目的开发往往是在一个总主题统领下，以多个分主题组成的。这样可以使项目不断地以较新的形象出现，不断吸引消费者的关注。

比如，世茂滨江花园，园林绿化率高达70%。16万平方米的社区荟萃了苏州园林、奥运公园、英式大草坪、夏威夷冲浪沙滩、德式绿荫天鹅湖、法式迷宫花园等六大世界风格园林区。

夏威夷冲浪沙滩：以夏威夷热带风情为主题，以太阳伞，沙滩，棕榈树和人造海浪等为造景元素。德式绿荫天鹅湖：景观原型取之于欧洲贵族滨水、亲水生活情境。奥运公园：以奥运理念设计构思，布置有丰富的运动项目设施，兼具可观赏性；法式迷宫花园：为典型的法国规整园林风格，体现

了宫廷大园林的超然气派。中式苏州园林：是以苏州古典造园理念为指导的中式水景园林。处处体现出中国传统园林的意境；英式大草坪：以开阔大草坪及多层次背景林为主景，营造一片令人心仪的浪漫田园风情。

8.4 策略之四，注重景观的场所性营造

场所精神是空间的灵魂，场所精神也是景观营造的灵魂。这种场所精神是人在特定空间之下经过长期生活、体验和互动后形成的特有的场地属性和心理印记。所以，场所性景观营造是整个景观营造中的精华所在。

比如，在一个欧陆风情项目的景观营造中，作者以与各个具体场地相契合的《草地上的午餐》、《青蛙塘》等世界名画作为借鉴原型，从世界名画中找到场地景观营造的灵魂，并希望营造出类似于名画中的生活场景与氛围，以此获得消费者的认可。

《草地上的午餐》

《青蛙塘》

北京上第MOMA景观为流域式概念，全部景观根据住宅分布而穿梭流淌在建筑群中，几乎做到户户观景。其场所设计灵感来自河畔的野营宿地，水景、坡地、林溪、山石等元素组合成下沉式景观，具有游乐场所、约会场所、锻炼场所和休憩场所等功能。独特的景观设计充分体现设计者Vogt大师的原创自然主张：朝向天然、自然、亲切，比花园更优美的园林，和建筑成

为一体，促成人们身心融入景观，像生活在公园里。

8.5 策略之五，处理好形式与功能的关系

景观的形式美表现在统一与变化，对比与相似，均衡与稳定，秩序与自然，比例与尺度，韵律与节奏等方面。而景观在注重形式美的基础之上，也要注重景观的形式美和功能性进行完美的结合。

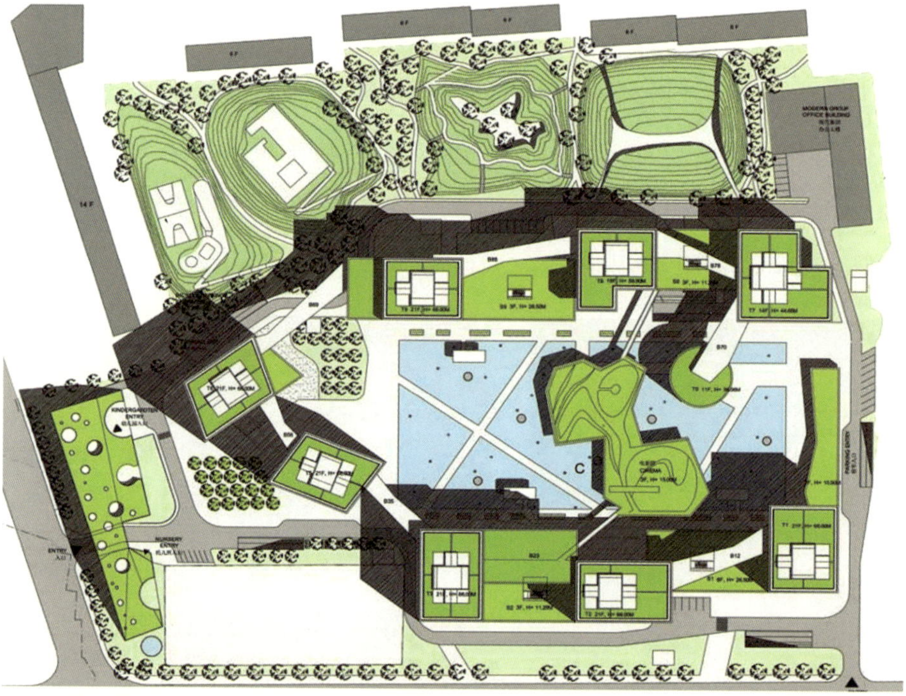

当代MOMA总平面图

比如，当代MOMA项目利用工程所开挖出的土方建成五个景观山丘，每个土丘都把人们所喜爱的休闲功能融于其中。花园为半公共空间，居民可以用刷卡的方式来使用其中的功能设施。

儿童之丘：与幼儿园毗邻与之连接为一体，中间有通道穿过，设有儿童安全护栏。少年之丘：分为篮球场、滚轴溜冰和滑板区、音乐与电视休闲区；中年之丘：设有咖啡屋和茶室、太极拳平台、网球场；老年之丘：分为象棋桌和阅读休闲区、太极拳平台、健身器材园；永恒丘：

作为静思的场所。各个山丘的功能、属性和活动都与使用者的年龄段有所联系。

景观与功能相互结合，景观与功能的相互统一。这使景观即具有了观赏性又具有了实用性，这样才能更充分的发挥景观的实用价值，才能保持景观的恒久之美。

8.6 策略之六，处理好内部与外部的关系

项目是处于一个大环境之下的。所以，一方面，项目要与周边建筑、景观等相互协调融合，并进行有效的衔接或隔离。另一方面，可以借势周边的自然景观、城市景观、人文景观等。

深圳十五峯，背倚绵延的塘朗山，在整体的规划上，以“顺乎自然，场地重构”为设计理念，首创外倚山脉、内藏峡谷的人文社区。设计师将塘朗山的流水引入社区形成约20米高的天然瀑布，瀑布流入社区汇聚成溪流，将十四座高层蜿蜒环绕，新颖的创新带来的是居住者更贴近自然的感受。

十五峯项目效果图

除了把外部的资源引入项目，还可以通过借景扩大空间视觉边界，使项目内部的园林景观与外面的自然景观等相联系、相呼应，营造整体性园林景观，追求无限外延的空间视觉效果。

8.7 策略之七，注重平面与立体相结合

景观营造除了注重在平面上的布局、组合之外，也要注重立体化景观的打造。这样能使消费者在不同空间、不同角度都可以感受到无处不在的景观。

北京星河湾，在景观营造过程中主动创造场地高差。使园林空间形成自然的起伏，这不仅使园林景观产生丰富的层次感，而且增大了绿化面积。星河湾引进花草树木100多种，形成多层立体绿化空间。比如，其下沉式停车场与瀑布区相结合成为整个园区立体园林的精彩之处。

金科地产曾提出七重垂直绿化体系。第一重为大型乔木：以阔叶高大植物为主，如行道树、中心景观树、宅间树等。第二重为小乔木：配合大型乔木，如景墙、窗前、水岸边等。第三重为大型灌木：注重枝型和色彩，为视觉中心过渡段。第四重为小型灌木：以常绿植物为主，为与地被植物过渡段。第五重为悬挂植物：建筑栏杆上悬挂鲜艳花木，墙体上覆攀爬植物，增加建筑的生活情调。第六重为草花带：视觉的吸引点，活跃心情，增加情趣。第七重为亲地草坪：选用四季常绿、视觉佳的高档次草坪。这七重垂直绿化体系也是通过立体上的排列与组合，实现高低错落的景观效果。

8.8 策略之八，注重体验性与参与性营造

体验性和参与性是优秀园林景观共有的特征之一。而人的体验是通过自身的五种感觉来完成的。比如，视觉——通过舒适的景观、鲜艳的颜色、装饰、影视、表演等来感知；听觉——通过溪流、鸟鸣等自然的声音，或者人工的音乐等来感知；嗅觉——通过天然花草的香味、人工的造香系统等来感知。

天津万科·金色家园中央景观区自北向南依次由五大感官园组成，分别

以“视觉园，听觉园，触觉园，味觉园，嗅觉园”为主题，运用光影、声音、色彩等不同元素，给消费者以全方位的体验感受，更为孩子们提供一个可以观察、聆听、感觉、触摸、互动的空间。

龙湖上海滟澜山实景

而上海龙湖滟澜山以成功白领女性这一细分客群为重点，结合女性喜欢追求浪漫，注重感性的特点，用欧式建筑风格，异域风格园林，建筑小品等打造出一幅唯美的画面，使滟澜山营造出一种特殊的磁场。这种场所和环境让人自然联想到家庭、童心、爱情等美好的东西。项目用真实的感官体验来获得了消费者的认同。

8.9 策略之九，注重景观与时空的契合性

一方面，项目景观营造要考虑到季节等时间因素的影响，尽量做到在每一个不同的时间段，都可以让居住者获得赏心悦目的景观体验。另一方面，景观营造也要考虑到具体空间的特点，营造出最契合这个空间的特点、资源、功能的景观来。

比如，北京星河湾引进了近百种7000多棵树木，保证秋冬两季的落叶、

彩叶和绿叶植物的比例各占1/3。并考虑季节的变化，星河湾利用不同植物花期和生长的时间差调节景观在一年中的变化。而金科地产在园林氛围的营造上历来倾心于能散发自然香味的植物，比如六月的香樟、八月的桂花、腊月的腊梅。这也让居住者在每一季节都有着不同的愉悦体验。

对于不同的空间，比如，有些场所是滨水空间，而有的是坡地山地空间，它们的景观营造方式就会有显著的差异。由于不同的空间，其具有不同形状、资源、功能等特点。所以，景观的营造要结合具体空间的具体特点。

华侨城波托菲诺实景图

比如，在华侨城波托菲诺水岸的营造过程中，虽然为同一湖岸，但是根据每一段的功能特征，分别营造出可以直接亲水及戏水的坡形岸线，可以观水及漫步的木栈道，可以观水与休憩的湖滨休闲商业场所等。这都是根据不同空间的功能特点而进行的针对性景观营造。

8.10 策略之十，消极空间的景观化处理

对于消极性的公共空间和私密空间，都可以用景观来进行美化和改造。对于消极性空间的景观化处理，可以有以下几种方式：

其一，景观可以作为连接空间来使用。比如从车库到地面，除了采用阳光车库设计之外，还可以在车库内部和通道上设置小型园林和进行局部绿化。对车库和通道的景观化处理，改变了一般车库给人光线昏暗、空气浑浊、色彩单调的不好印象。

其二，可以作为转化过度空间来用。比如，建筑底部的架空层以及单元门前的小花园、居室中的入户花园等都是对过度转换空间的景观化处理。

其三，景观可以作为隔离空间来用。比如，园林可以作为社区和外界的区隔空间，阻止外部灰尘、噪音等不利因素对社区的影响。而对于距离较小的别墅之间为了消除对视等情况，也可以用景观来遮挡。

其四，景观可以作为美化空间。比如，不管是广州的星河湾还是北京的星河湾项目都对地块周边的河岸、道路、沟渠等场地进行了大规模的改造与美化工作。

8.11 策略之十一，注重景观的生态化营造

景观的母体是自然。项目的景观与其所处环境的土壤、空气、阳光、水、植物等因素息息相关。所以，住区的景观营造要考虑到整个生态环境，并在条件许可的情况下，进行人工化的生态系统景观开发。

比如，作为万科5A · TOP地块，虹溪诺雅具备无可复制自然景观资源优势。8平方千米原生态水面的松山湖 ，72平方千米“四季植物园”，1425公顷生态绿地，约3千米私家湖岸线，22千米滨湖路，使项目具有了良好的生态景观。

在良好的自然资源之上，万科虹溪诺雅以原生态自然为基础找寻最富诗意的建筑语言，创作接近生命本源的人居空间。项目在保持大片原生荔枝林的基础上，引入大面积的原生湿地公园，并使其具有生态、原生、运动休闲的性质。湿地公园可以有效地收集雨水进行沉淀再次利用，环保且节约能源，通过一些特殊的绿化处理，湿地公园更加自然美观。同时保留了原生态荔枝林，根据山势改造山体，融入自然。

生态园林继承和发展传统园林的经验，遵循生态学的原理，是多层次、

多结构、多功能的植物群落，通过建立人类、动物、植物相联系的新秩序，达到人与环境的和谐统一。

8.12 策略之十二，注重景观营造的经济性

园林营造也像房地产的其他功能营造一样，需要考虑到项目的投资收益比，并寻求项目效益和投入成本之间的最佳关系。园林营造的经济性也表现为两个方面，一个是成本方面，具体包括是营造过程中的成本和养护过程中的成本。另一个是价值方面，这个价值包括对项目销售的直接促进作用，以及客户的终身使用价值。

而在具体的营造过程中，景观园林的高效益营造可以从多方面来考虑。

其一，从场地的利用方面来看，应该因地制宜，因势而造，保留原有的历史文化痕迹　利用原有的沟塘、洼地，或保留原有场地上的树木，这样既减少地形改造工作量，又节约投资费用。

其二，从植物的选取方面来看，在园林绿化建设中强调以乔木为骨干的绿色植物作为主体，这样可以形成良好的生态效益。因为，相对而言，草坪的维护将浪费大量的水资源，且相对制造氧气的能力较弱。相反，灌木及乔木不仅能遮阳、吸热、减燥，也能产生大量的氧气。

其三，从企业运营的层面来看，为了营造景观的效果性和节约成本性，有些企业往往采取战略联盟的方式，寻找到景观营造的最佳合作伙伴。有的也进行了园林苗圃的自我栽培，比如，星河湾、龙湖等企业，采取以上方法，即节约了成本，又可以使消费者提前享受成熟的成品园林。

9．项目开发八大策略

在房地产的开发过程中，往往会伴随各种政策性风险和市场性风险。所以，项目的开发方案既要基于价值最大化来考量，也要保证项目可以随着外界条件变化而具有一定的调整空间。

在项目开发中，这种弹性空间主要表现在以下四个方面：①采取分期开发与滚动开发的方式，实现项目自我发展和持续增值。②产品功能具有可转变性，为应对市场变化适度留有弹性。③功能组合、产品组合之间具有均衡性以及抗风险性。④通过初期推售的产品，用来检验市场认可度。

分期开发策略的主要内容包括：开发时机确定，各分区划分、启动期确定等。而项目开发分期的确定有三种模式，一种是遵循地块价值由低到高的开发分期；一种是遵循地块价值由高到低的开发分期；一种是遵循地块价值高低交错，波峰波谷交替进行的开发分期。

9.1 策略之一，结合成熟度分期

一般来讲，一个房地产项目，往往从开发成熟度较高的区域开始。采取成熟度高区域先行策略。这不仅减少了开发风险，也保证了后续土地收益的持续性。这在郊区类项目开发中应用的更为普遍。

有些周边配套不完善的郊区大盘，特别是实力较强开发商所开发的项目，为了消除成熟度较弱的劣势，在第一期开发的时候，往往会立足自我，初步建立起商业、休闲、学校等一些基本的配套设施。比如，深圳的桃源居，先做环境，再做项目，在环境和公共配套完全充分展示后，就可以化解消费者对项目的负面认知。

9.2 策略之二，便于价值展示

开发分期要考虑到便于项目价值和形象的展示，这具体包含以下三个方面：

第一个方面，便于项目整体的形象展示。项目现场的包装展示作用，对于销售有着很大的促进作用，特别是对于大盘，需要大气势来对消费者进行说服。大盘应该在项目现场对消费者产生强大的震撼力。所以，项目分期开发宜结合地块状况，应选择具有较长展示面，或者昭示良好的地块优先开发。

第二个方面，便于项目的产品形象展示，前期的入市的产品应该具有较好的市场号召力，最好是具有产品创新和独特卖点的稀缺性产品。以此展示出项目在产品上的核心卖点和竞争力，奠定项目良好的市场形象和口碑，获得市场的认可和热销。

第三个方面，便于景观资源等的展示，对于资源性项目，最好能提前对资源进行改造和包装，尽量在开发的第一期就能展示出来，从而提升整个项目的价值形象，并对消费者形成有效的吸引力。

9.3 策略之三，预留升值空间

开发商对一个项目利润的获得，往往是通过价格的不断提升来实现的。而这种价格的提升除了市场因素之外，还可以通过开发分期上的控制，来保证项目价值与形象不断提升。具体可以通过以下三种方式实现项目的后期升值。

苏州工业园区后期开发的圆融中心

第一种，是随着项目的自身的成熟以及项目周边配套的成熟，使项目的后续分期可以获得更高的售价。比如，广州亚运城项目成本达1.1万/平方米左右，而在第一期也是基本以接近成本的价格推出市场。但随着人气的聚集，配套的完善，项目的后期价格将会跟随着上升。

第二种，是项目本身预留了具有较好资源的分期，这使项目后期容易获得更高的售价。而且，对于一个具有优质自然资源，或者项目内相对最好的部分，往往保留到项目成熟的时候才开始开发和推售，以获得更高的价格支撑。

第三种，峰值预留策略。对于不同的物业类型，其选址要求不尽相同，其市场价值也不尽相同。比如，商业、金融办公业态往往是价格峰值所在，项目可以预留出这些具有价格峰值业态的地块，以便在后期最大化发挥这些地块的价值。

9.4 策略之四，卖点支撑的原则

在竞争激烈的市场环境中，如果各个分区规模仍旧较大，存在一定的销售压力的时候，就要考虑到每一分期在市场上是否具有独特的卖点。所以，在分析项目卖点的基础之上，要使这些卖点和项目分期比较好地结合在一起，力争每一个较大的分区都有一个或者多个卖点来支撑，以利于销售。

比如第一期具有一定的景观资源，并且产品为低密度的别墅、洋房类产品，这样就可以通过景观和产品来形成自身的市场竞争力；第二期可以依靠大社区配套的学校、会所等卖点来吸引客户；项目的第三期，可以依靠逐步成熟的市政配套、商业配套、交通设施等卖点。这样，项目的每期都获得了强有力的卖点支撑，这将对项目的销售起到了很好的助推作用。

9.5 策略之五，结合产品分期

大型项目往往包括有不同类型的业态，即使是同一类型的业态也往往具有不同的产品组合。这些不同业态、不同类型产品的不同组合，可以影响到项目的开发分期和销售分期。

有些项目，特别是对综合体项目来说，是由不同业态产品的组合。这些不同业态产品也往往具有不同的功能，比如，酒店往往具有很好的形象性，商业可以获得更高的经济收益，而住宅可以快速进行变现。所以，开发商要根据不同产品的特性和自身实力进行不同的分期。比如，华润万象城就是先开发商业和商务，后开发住宅的。而一般项目往往需要先开发住宅来获得现金流。

就是对于同样一种业态，其不同的产品组合也影响到项目的开发分期和销售分期。比如，深圳万科城一期启动时，推出了多种住宅产品：以资源状况一般，但市场容易接收的花园洋房产品为主，以便于热销和回笼资金；推出的少量Townhouse产品，一方面带动项目形象，另一方面可以检验市场对该产品的接受度。

9.6 策略之六，合理的开发时机

房地产的开发要注重趋势性、周期性和时机性。从大的方面来讲，房地产开发要结合整个行业发展的大趋势和大周期。从小的方面来讲，房地产开发要结合阶段性趋势和具体的开发时机。

从大的方面具体来看，任何产业、企业和产品都具有一定的生命周期和发展趋势。房地产市场也有其运行的基本周期。房地产发展周期分为起步期——发展期——高峰期——衰退期。房地产投资也是有周期性的。投资周期包括高峰——收缩——低谷——恢复四个阶段。一般来讲，在整个行业的低谷拿地，而在行业发展周期的高峰进行销售，这样是最好的一种方式。

从小的方面具体来看。由于政策因素、市场因素、资金因素、竞争因素等原因，会影响到项目的开发时机和销售时机。比如，有时为了截流客户，就需要提前进行项目开发；有时为了资金回收，就要先开发销售周期较短的产品。

9.7 策略之七，开发风险控制

房地产的风险主要来源于三个方面。其一，是政策性风险。这种政策性风险包括了国家的宏观经济政策、房地产行业政策、金融政策等方面。其二，是市场风险。主要表现在市场竞争的同质化，市场供需失衡的风险等。其三，经营性风险。比如，有些综合性项目或者商业项目，往往要涉及项目后期运营过程中的各种风险。

对于政策性的风险，每一个企业根据自己的市场研判、资金状况和企业战略等条件会做出不同的选择。比如，第一种，在房地产严格调控时期，有的企业通过加快开发和推售策略，快速回笼资金，从而赢得主动。第二种，对后续市场仍旧乐观的企业，往往会延缓项目开发，希望在渡过严控期之后，获得更好的收益。第三种，企业通过开发分期，调整原先投资性产品为刚需产品，以适应市场的变化。

对于市场性风险，还应坚持风险最小的原则。比如，先推出的产品在市场上不仅有足够的消化能力，而且要回避过度竞争，避免滞销和冷场，力争一开始就形成良好的市场形象和口碑效应。

9.8 策略之八，特殊因素控制

有些项目的开发顺序受到一些特殊因素的影响或者限制。这种限制往往体现在空间上的特殊因素和时间上的特殊因素等。

空间上的特殊因素会表现为：项目的分期往往要考虑到地块中心是否有自然河流、山谷分割、或者是否有规划路通过，也有的项目地块中间会出现高压走廊等。这些空间上的特殊条件也是项目在分期时需要特殊考虑的。

时间上的特殊因素会表现为：比如，有些拆迁项目，可以根据拆迁难度，从利于拆迁的集体物业开始拆除和建设；有时，项目的拆迁补偿巨额费用对企业资金要求较高，因此可以结合地上建筑物分布密度，选择拆迁费用较小且相对独立的区域首先开发。

总之，影响开发分期和营销分期的因素很多，要具体区别对待。

10．全程营销策略

中国房地产营销水平是伴随着地产行业的发展而发展，总体而言，房地产营销经历了卖点营销，整合营销、体验营销、跨界营销等四个阶段。这个过程也体现了营销理念和营销策略的不断进化和升级。

卖点营销基本停留在有山卖山，有水卖水的低级营销阶段。整合营销是基于4P、4C和现代整合营销理念，使房地产营销成为一个全面的营销体系。体验营销是通过消费者的亲身体验，使其得到了心理上、生活方式上认同等，然后产生购买这种商品的渴望和行动。跨界营销是在常规性营销的基础之上，为了和消费者进行更广度、更深度关联，而整合不同领域资源的一种创新性营销方式。

但是，不管是简单的卖点营销、还是高级的跨界营销，从消费者的角度出发，我们可以发现：消费者购买过程基本是相同的，这个过程可以分解为以下四个阶段：

关注（Attention）→体验（Experience）→认同（Identity）→行动（Action）。

这个过程可以简称为AEIA模型。从客户的认识规律和决策模型来看，其核心环节就是消费者的体验环节，这是一切营销的基本的出发点。作者认为，现代地产乃至产品营销的根本在于客户体验。

10.1 策略导图模式

思维导图（Mind Maps）是英国学者托尼·巴赞（Tony Buzan）在1970年前后提的一种学习和思考方法。思维导图大多是通过带顺序标号的树状的结构来呈现一个思维过程，将发散性思考（Radiant Thinking）具体化，借助可视化手段促进灵感的产生和创造性思维的形成。

思维导图也可以应用到不同的领域，策划人为了表达自己的策划构想、也可以借用策略思维导图的模式。思维导图的表现形式有多种，最简单的类似于流程图。

营销的思维导图有多种画法，作者自己总结出一种鱼骨图式营销策略导图。该导图认为：一个好的策略案应具有明确的目标、结构、阶段划分、主要策略、细化策略等要素。具体来讲，这个策略框架由以下几个部分组成：

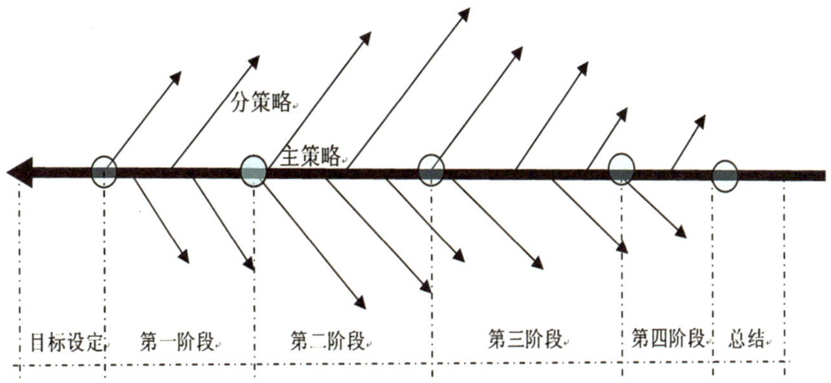

策略鱼骨图

其一，明确的营销目标。一般来讲，项目的营销目标基本可以分为三类，第一类，是经济性目标、也就是考虑总的经济性收益；其二，是品牌性目标，也就是获得良好的项目形象和企业形象；其三，销售量和销售速度的目标，这对于一个大盘就十分关键，这也是我们往往看到许多报告开始就旗帜鲜明提出销售多少套，回款多少亿的原因。

其二，核心策略，就像是鱼的脊柱骨，一个营销策略要从头到尾，要有一个贯穿始终的核心主线。比如，项目核心市场诉求是产品价值和创新，还是走生活方式贩卖，这需要完全确立。这个核心策略贯穿和统领整个营销过程。

通常而言，主要核心营销策略有六大方向：①价值营销（主张地段、资源、产品，附加值等）；②主题营销（运动地产，旅游地产，创意地产等）；③亚文化营销（细分某种客群，比如BOBO族等）；④概念营销（苹果社区、博客公社等）；⑤生活方式营销（棠樾营销东方意境美学，慢城营销慢生活等）；⑥创新营销（包括跨界奢侈品营销，邀请克林顿之类的事件营销等）。

其三，阶段分策略。一个营销策划往往是由不同阶段或者部分组成的。比如房地产营销主要是由蓄水期、强销期、持续期和结尾期等阶段组成的。每一个阶段的阶段目标和策划偏重点都是不同的。所以，每一个阶段都有其相对应的细化的分策略。

比如，在项目的蓄水阶段，这个阶段的策略目标是必须树立起品牌、地位、产品、独特的生活方式等市场形象，以此占领市场营销的制高点，并逐步建立起项目所必需的销售势能。这样才能势如破竹地启动市场，才能有效策动和促进后续产品的销售。

这些分策略就像是鱼骨一样，作为主策略的支撑和分支，作为具体的实施策略，在主策略的引领下，在不同阶段完成相应目标。而这几个阶段共同组成了一个完整的总策略体系。

10.2 三大营销攻击线

房地产的整个营销过程，可以分为三个层面:

第一个层面，软性攻击线层面，是通过核心理念、精神特质、生活方式、文化内涵等软性内容对客户的营销；第二个层面，硬性攻击线层面，是通过具体产品创新、景观资源、高科技设施等硬性卖点层面对客户的营销；第三个层面，营销执行攻击线层面，是在具体的营销执行过程中，通过展示、包装、体验、引导、促销、服务等方式直接对客户的营销。这三个营销层面，组成了营销的三大攻击线。

10.2.1 概念提炼与主题占位之软性攻击线

营销的第一层面是精神层面的软性攻击线，这也是取法其上的营销攻略。它以项目的核心灵魂和文化内涵为基础，以消费者的心理需求和心理追求为目标，通过消费者情感体验的共鸣和认可，触动消费者进行购买。

比如，在进行一个中式别墅营销策划时，笔者认为：中式建筑营销的“核武器”在于项目和消费者之间文化基因契合，情感的共鸣。所以，必须挖掘出中式别墅真正能够触动消费者灵魂的东西！而要营造中式建筑，要营销中式建筑，我们就不能不知道中式建筑的对于居者的核心价值！

为此，笔者提炼出中式建筑核心的十大价值体系：

1．合——天人合一，和合共生。

《老子》中讲“道法自然”，中国道家思想强调人与自然的关系是有机统一。孔子曾言“仁者乐山，智者乐水”，这是儒家思想对山水文化的理想化表述。这即体现了天人合一的思想，也体现了人们对于自然天生的向往性。这必然影响到中国传统建筑（比如典型的徽派建筑）的营造。

2．礼——一种社会秩序，一种处事方式。

从大的层面来讲，礼是一种社会秩序，一种运转的制度，是一种大伦理。而这种礼的思想也广泛地体现在中国城市营造和建筑营造中。比如，城市的布局、村寨的布局等，都体现着基本的礼制。

从小的层面来讲，礼是一种处事的方式，一种人生态度，是一种小伦理。而在日常的建筑中，建筑的空间关系也遵循礼的原则，比如，北京的四合院建筑也是社会伦理、生活态度的体现。

3．意——建筑是心境与追求的铭刻与寓意。

对外方面，建筑表达了主人和社会之间的某种关系。比如，建筑的选址、规模、气势往往是居者身份高低、权利层级、精神诉求的表达。

对内方面，建筑表达了主人对自身和家族的某种期望。比如，徽州建筑的马头墙，也形象地称为五岳朝天，寓意了事业腾达的一种人生期望。而天井除了接纳阳光清风之外，寓意了四水归一，财不外泄。

4．隐——建筑是一个隔离墙、过滤器、切换器。

社会是个矛盾体。所以，居者需要寻找一个心灵的栖息地。比如，中国最著名的拙政园、退思园都表达了建造者在官场失意后的精神诉求。这是两种不同生活方式的切换。建筑把官场的诡谲多变隔于高墙之外。而居者沉溺在城市山林中的自我天地之间。

5．美——自然之美，意境之美。

自然之美：传统建筑通过外部自然环境的改造和内部人工环境的营造，来达到自然之美。意境之美：中国的传统美学在气质上追求和平、宁静、淡泊、雅致、含蓄。在居住观上，则反映为在建筑建造中追求的意境美。

6. 怡——怡情、怡心、颐养天年。

中式建筑是最注重养生的，这一点无论是在官宦府第、还是传统民居中都被发挥得淋漓尽致。虽然建筑在表现形式上有所不同，但却都是非常注重养生的。而这正是中式建筑“怡与颐”的思想内涵。

7. 境——特定的场所，人生的境界。

在藏风聚气之地，“村” 和“街巷” 宜人的尺度构成富有人情味的邻里空间，满足了中国人人性上内敛含蓄、丰富而不张的品格取向。建筑与主人相得益彰，形成一种特有的居住境界和人生境界。

8. 文——文化，骨子里的基因。

在中国传统文化的发展脉络中，儒教是主导，佛教和道教是双翼。在不同时代，文化的侧重点也不同。中国传统文化尤其是哲学思想已经深入中式建筑的骨髓，或许这正是中式建筑的思想内核，而不同的地域人文风情和时代特征，熏陶和构建了不同的建筑流派和时代印记。

9. 修——内圣外王，修是通向人生理想的阶梯。

中国人讲求内圣外王，注重内在修养。一室不扫，何以扫天下？强调了内在修养是外在事业有成的起点和保证。所以，中国人追求“修身、齐家，治国，平天下”人生阶梯，并以此实现个人理想。而居所是个人成长、历练的起点，是走向社会的第一课堂。

10. 传——传承，家族、事业、文化的传承。

在中国人的心中，“宅”不仅是栖身之所，更是个体生命和整个家庭的心理依托。居所的变迁往往代表了家族的变迁。而居所的传承不仅仅是建筑表面的物质遗传、自然资源的传承，更是文化的传承、观念的传承、生活方式的传承、家族兴衰的传承。

概括起来：合——合于自然，礼——合于社会，意——合于自己。隐——自我的回归，内外的切换，美——建筑与自然的本质，怡——生命与自然的本质。境——物质基因，文——精神基因。修——自我修为，自我实现，传——基因遗传，终极理想。这十大核心价值构成了中国传统建筑的核心价值体系和图谱。

从中，我们也可以看出，中国传统建筑的灵魂是一种东方人居智慧。这也是项目的灵魂，项目的软性攻击线将紧紧围绕这个核心，结合消费者的心理诉求，从而达到和消费者心理上的共鸣和认可。

10.2.2 项目价值与功能价值之硬性攻击线

一般情况下，我们在项目的开发过程中都要赋予项目硬性的卖点。比如，户型、园林、配套、资源等。那么在项目的销售过程中，就要把这些硬性的卖点提炼出来，形成项目的卖点体系，并考虑到在营销的每一阶段推出相应的某些卖点组合，以此来形成项目营销过程的硬性攻击线。

项目卖点的提炼和营销过程是产品力转化为概念力，再由概念力转化为营销力的过程，也是从价值提炼到价值营销的过程，是对消费者价值说服的过程，这个过程的可以简要的概括为以下模型:

产品力→概念力→营销力

当然，产品的硬性卖点不是简单的罗列，而是对项目硬件价值的挖掘和升华，并最好能通过卖点提炼来营造出消费者所期望的生活方式，以此来对消费者进行有力的说服。

比如，有一个项目确定的阶段营销主题为："鉴定豪宅品质"。策划者希望通过以湖泊、山岭、景观等项目卖点为支撑，并由各个场景下的特定生活状态的组合，最终组成一个立体的生活方式的展现，以此传递生活的价值，从而带动销售。简要摘录三个片段如下:

1. 场所，湖泊。

主题: 水岸是精神的奢享，是心灵的一剂SPA秘方。

核心内容: 水岸释放了每一个人的亲水情结，这是精神的一次SPA，她可以熨贴每一个误入歧途的神经，可以修复心灵里每一个受损的细胞……

2. 场所，山岭。

主题: 与其过分的城市，不如过分的自然。

核心内容: 收藏一座山，就是收藏一种山野生活。这不仅仅是换上一件休闲服的表面意义，在卸下承重的伪装，从复杂的社会人还原成简单的自然人……

3. 场所，园林。

主题，家——是生活的方向。

核心内容：别人到家需要站牌的提示，而我只需要花香的味道。在这里，可以像花一样绽放的心情，像水草一样蔓延的快乐……

对于大盘项目，通过卖点群的集中强势营销，可以在短期形成市场的轰动效应。但是，许多大盘都存在开始销售强劲，而后续乏力的现象。这被称为大盘营销的烟花效应。所以，在大盘营销的整个周期内，除了卖点的挖掘之外，还要讲求有序的推出卖点，保证每一阶段都具有充足的营销动力。

10.2.3 营销创新与营销执行之终端攻击线

现代营销强调决战终端。因为，在营销的具体现场和执行环节，对于营销的最终效果起着很大的作用。营销执行阶段的策略具体包括品牌策略、推广策略、价格策略、客户策略、包装策略、媒体策略等六大具体策略。并且，营销过程也可以细分为以下五个部分：

第一阶段，形象树立期：通过形象推广，建立项目的市场地位，迅速建立知名度，提前对消费者进行告知、并进行市场客户的拦截。

第二阶段，蓄水期：树立项目形象，展示项目卖点，激发客户购买欲望。各营销通路共同运用，通过有针对性的客户及圈层宣传开始蓄水。而一个大盘更需要从客户蓄水、形象蓄水、品牌蓄水等多个方面来形成项目立体性的营销优势。

第三阶段，公开发售期：完善各种营销体系，根据蓄水情况决定具体的开盘策略，卖点持续传播，媒体集中运用，高强度传播项目的核心价值，进行现场的体验营销，形成热销势态。

第四阶段，持续销售期：通过项目价值延展，对消费者进行深度说服，以现场氛围营造为主导，以事件营销及客户体验营销作为重点，并做好客户的维护工作。

第五阶段，尾盘销售期：充分展示逐渐成熟的项目价值，针对剩余产品制定相应的销售政策，可以进行一定的促销活动，并做好项目品牌的升华和深化工作。

第三部分：商业地产策划

DISANBUFEN SHANGYEDICHANCEHUA

◈ 总括 ◈

商业地产开发和运营的过程就是价值的挖掘、整合、营造、运营和增值的过程。从根本上来讲，这个过程是商业价值体系的营造和运营，而且是有机的、能够完成价值自我增长体系的建立和运营。

一方面，商业项目应该有机的植入到城市体系中去；另一方面，项目内部的各个业态定位和组合之间应该形成有机的契合。只有这样，项目才能融入到城市商业生态中，才能形成自我成长与发展的系统。

商业地产项目是一个价值营造的过程，也是一个场所营造的过程，价值营造与场所营造是商业地产开发的两大最核心内容，是项目后期运营和增值的基础。

1．项目选址的六大原则

项目选址是商业地产开发最关键的环节之一。

商业地产选址的决定因素比较复杂。一般情况下，项目选址需要根据企业的发展战略为方向指南，以城市商业发展态势为考虑平台，结合项目地块自身的价值因素，以项目所在区域的消费力、关键是可辐射区域的消费力支撑为基础，考虑到项目业态、业种在竞争上的可行性，并能动态地预见到消费力的增长和区域的发展潜力。在这些因素系统考量之后，才能更科学地进行项目选址。

1.1 原则之一，以企业发展战略为指南

成熟企业和非成熟企业的不同点在于：成熟企业已经形成了自己的企业发展战略和项目的开发运营模式。所以，成熟企业往往是带着项目的整体构思来进行项目的选址，也就是项目找地模式。而不是非成熟企业是拿地后才确定项目的定位、规划和运行模式，也就是地找项目模式。

广州白云区万达广场

以行业的领导性企业万达来看，万达的产品在经过几代的进化和完善之后，已经形成比较固定的城市综合体模式，这种城市综合体项目选址往往主要锁定在以下三个区域：

第一，项目选址于城市传统的商业中心区或城市核心区，这些区域已经具有了很高的消费力。如西安解放路、东大街万达广场都是西安传统的商业旺地。第二，项目选址于城市的次副中心。在这种情况下，项目既是城市次副中心发展的受益者，也可以作为城市次副中心营造者而获得市场先机。如上海五角场、广州白云区的万达广场等。第三，项目选址于新开发区。如宁波鄞州区、南昌红谷滩新区等。在这些区域项目往往具有一个成长和培育的过程。

而有些关键性项目的选址，比如，苏宁在竞争最为激烈的深圳华强北再开旗舰店，步步高在湘潭新城区打造样板示范店等，这些都是企业为了占据有力的区域制高点、试水新的发展模式、应对竞争升级的一种战略性举措。

1.2 原则之二，以城市发展态势为平台

城市空间上的发展方向和发展重心，代表了城市价值的成长方向和裂变方向，这与商业地产的选址有很大的关系。商业地产项目应该在研判城市发展态势的基础之上，确定最适宜自身发展的区位。

根据城市商业规划，广州将打造内、中、外“三层商圈”，按照“内精、中厚、外强”的发展要求，形成空间定位准确、圈层分工合理、地域特色鲜明的商业圈层结构，其中要将内圈层发展成为凸显现代消费、现代服务、高级商务及综合会展功能的核心商圈；中圈层依托地缘优势，发展物流园区、批发市场园区和大型零售业态，使中圈层发挥“承内启外”的作用，形成商业发展厚实、辐射功能强大的商圈；而外圈层将借助港口、机场、陆路交通网络，积极发展物流园区、批发市场园区和零售商业功能区，壮大外圈层商业实力，进一步扩大商贸中心城市的辐射力。

根据以上规划，结合“东进、西联、南拓、北优、中调”的城市空间发展战略，天河区把本区域的商业发展定位确立为：集中展示广州现代商业地位和国际形象的标志性区域，具有一定国内及国际影响力的高端商业汇集中

心、时尚潮流体验中心、行业信息发布和价格形成中心。所以，天河区也成为天河城、正佳广场、万菱汇、太古汇等重量级商业项目的必选之地。

1.3 原则之三，以地块自身价值为基础

商业地产对于地块本身条件的要求远远的高于住宅。因为，项目地块的是商业地产开发的基础，也是商业生态体系营造的基础。地块自身价值具体表现在以下几个方面。

1.3.1 基础性价值

基础性价值属于地块的物理性价值，具体包括地块的地形、地貌、土地的肌理，与其他地块的地缘关系等。

1.3.2 指标性价值

指标性价值的一个方面是指地块的基本性数据，比如地块本身的长、宽、高等。另一个方面是指规划性指标，比如容积率，建筑密度，红线退让距离、限高等。以容积率为例，它往往决定了商业地产基本的空间形态。

1.3.3 契合性价值

一个地块形态和所要定位的商业业态关系也很密切。比如一个地块的长度和其商业临街面的长度息息相关。商业街要求地块是条状和带状。而大的购物中心除了要求有较长的沿街面外，还需要一定的进深。如果地块的形状与要定位的商业形态能够很好地契合，那么这块地的商业可塑性就高，表现为地块的价值就比较高。

1.3.4 通达性价值

房地产的开发都要考虑交通的通达性，对于商业地产，这点显得尤为重要。因为人流即财流。比如，城市主干道，城市交通枢纽附近的项目往往具有很好的通达性。所以，香港大多数购物中心就是在地铁站点沿线开发的。

1.3.5 聚客性价值

除了通达性之外，地块还应该具有良好的聚合性，最好能够具备一定的聚客条件和聚客场所。商业地块的聚客性主要表现在：地块本身能够拥有或者接壤小广场，绿地等。比如，深圳的金光华广场，在负一楼直接和地铁接驳，并且，其前面有罗湖区少有的大面积休闲广场。

1.3.6 昭示性价值

除了交通上的可达性，一个商业地产项目也应该具有很好的视觉通道和视觉焦点，最好能够具有本区域地标性建筑的昭示性。如果一个地块本身的视觉昭示性不佳，那么就应该在后期的商业建筑打造上要重点强调高度，标志物、色彩等因素。

具有良好昭示性的三里屯Village主力店

比如，打出“全北京，往上看”口号的世贸天阶，就是通过长250米宽30米超大显示屏作为电子天幕，并斥资打造数码版传世名作“清明上河图”，它将光与影与艺术完美地结合在一起。这使项目在夜间更能吸引客户聚集和消费。

1.3.7 自然景观资源

自然景观对于消费者往往具有很强的吸引力。自然景观分为两类，一种是地块内部的自然景观，一种是地块外部的自然景观。所以，商业地产往往可以利用自身景观资源，或者借助外部景观资源。

许多游憩休闲类商业项目就是依托自然景观资源来打造的。即使一个商业地产没有原生的自然景观资源，也可以通过在商业场所内部进行局部的人工景观的营造。

1.3.8 城市景观资源

如果说城市是一个剧场，那么城市景观就是城市的背景。

城市景观是一种复合性的景观资源，包括了自然景观要素和人工景观要素。人工景观要素主要有文化遗址、艺术小品、标志性建筑物、休闲广场等。这些景观要素为创造高质量的城市商业空间环境提供了良好的外部环境。比如，上海外滩就为其区域内的商业项目提供了良好的城市景观。

1.3.9 区域市政资源

市政设施和配套，比如会展中心、艺术馆等可以提升商业地产价值。

比如，北京国贸中心，其国贸展厅则担当了国贸中心最活跃的城市功能，是一个城市展示、交流和贸易的中心。国贸展厅有效地将城市活动引入综合体内部，它不仅直接为国贸中心的酒店、商城等物业带来了源源不断的客流，也可以给周边商业项目带来共享性客流。

1.3.10 区域产业资源

商业地产，特别是专业类的商业市场，一般需要一定的产业资源支持。

比如，深圳华强北商业区，其前身是生产电子、通信、电器产品为主的工业区，拥有厂房40多栋。随着经济发展，土地人工等成本逐渐升高，迫使工厂外迁，商场入驻，使华强北区域功能发生了变化。1998年，市区政府及时把握住退二进三的转变契机，开始对华强北商业街进行改造，依托深圳乃至珠三角的电子信息产业基础，到2008年，华强北商业街已经发展成为“中国电子第一街”。

1.3.11 文化文脉资源

有些地块具有一定的文化文脉价值，可以进行挖掘和利用。

比如苏州的李公堤是中国最大的内城湖泊苏州金鸡湖中唯一的湖中长堤，全长1400米，系光绪年间元和县令李超琼所建，是当年商贾云集之地。而圆融李公堤商业项目，沿袭和弘扬了本处的商业商脉，使该项目也成为苏州市第一个“中国特色商业街”。

1.4 原则之四，以消费力支撑为依托

接近购买力原则是商业地产选址的基本原则之一。商业地产的选址要接近人口稠密区，又要接近高收入或高消费人口分布区。我们可以把消费者的价值用以下公式来做以表示:

消费者价值＝消费者宽度×消费者深度×消费者的频度

其中消费者宽度是指消费者群的数量，消费者深度，是一个消费者一次的消费量，也就是我们所说的平均消费额，而消费者频度是指消费者购买的频率。它们三者决定了消费者的最终消费量和消费价值。

北京金融街购物中心，位于中国的金融中心——北京金融街。该区域聚集了“一行三会”等金融监管机构，九大全国性商业银行的总部，1500多家国内外金融机构和大型企业总部。被国内外人士誉为“中国的华尔街”。所以，金融街购物中心所在区域汇聚了塔尖级消费阶层，其顶级品

牌与项目的高端定位也得到了有效的支撑。

北京金融街购物中心

区域消费力是商业项目需要考虑的一个方面，而如何使客户形成对自己项目的消费偏好和消费忠诚，是商业地产开发需要考虑的更重要的一个方面。

消费者需求的多样性和个性化使得商业项目必须通过多元性和差异性来让客户保持长期的忠诚度。主题商业、具有吸引力的场所、适合的商家、商品的不可替代性、良好的服务水准等，都可以形成消费者的偏好性。

一个区域的整体购买力可以用购买力指数公式来衡量，其具体表述如下：

购买力指数=A50% + B30% + C20%

其中：A 是区域内可支配收入总和（收入中去除各种所得税、偿还的贷款、各种保险费和不动产消费等），B 是区域内零售总额，C 是具有购买力的人口数量。利用购买力指数公式可以测量一个区域里的总需求潜力。

不同区域的购买力指数表明不同城市或者区域购买力的高低，所以，通过不同城市或者区域的购买力指数的比较，可以判断某个城市或区域的消费力更强些，这有利于确定在那个城市或区域进行选址和投资。

1.5 原则之五，以竞争上可行为必须

商业地产项目竞争上的可行性表现在以下两个方面。

第一个方面，容量性。市场的容量主要从以下两个方面来进行分析：第一，要了解存量商业项目的现状，这不仅包括行业业态、布局、档次、特点，还要包括各个行业业态的租金水平和租售状况，区域内商业用房的保有量和空置量。第二，要了解增量商业项目的供应状况，由于项目存在建设周期，特别是大型的商业项目建设周期较长。所以，要掌握未来几年的供应量和竞争格局。

比如，苏宁在华强北核心地段开出面积近2万平方米的苏宁曼哈广场EXPO超级旗舰店，并与商圈内另外两大旗舰店一起组成年销售规模超过20亿的旗舰群。在南北长约930米的华强街，聚集了3家国美、3家苏宁和1家顺电共7家家电连锁卖场以及数十家3C连锁商，使这里成为国内乃至全球密度最高的家电3C商业区域之一。市场竞争真正进入白热化状态。所以，消费力能否消化掉过多的商业面积是新进入商家的首要考虑。

容量性还可以用饱和度指标来衡量。零售饱和度指标通常是指城市或区域内某类零售商店的饱和程度。饱和指数法则的数学表达式为：

$$IRS=\frac{C\times RE}{RF}$$

式中：C表示某地区购买某类商品的潜在顾客数；RE表示某地区每一顾客平均购买额；RF表示某地区经营同类商品的商店营业总面积；IRS表示某地区某类商品零售饱和指数。

一般来说，如果饱和指数高，说明每一单位商业面积上的营业额较高，就意味着该地区竞争相对缓和，零售潜力大；相反，如果饱和度指数低，则意味着竞争相对激烈，零售业发展的潜力小。

商业项目面积确定可以采用双推法，也就是内推法和外推法相结合的方法，内推法就是根据项目自身要实现的经济目标，来推导项目本身需要的面积。外推法，就是根据市场的需求和供需缺口来确定项目的面积。二者需要一个兼顾和平衡，得到一个即兼顾企业效益又兼顾市场容量的一个有效值来。

第二个方面，招商的困难性。竞争可以导致商家资源的稀缺。商家是商业地产中的最宝贵的资源之一，也是商业地产项目核心竞争力之一。比如，主力店可以带来持续的、大量的人流。而品牌形象店和旗舰店，可以提升项目的品位和档次，比如Gucci，LV等国际一线品牌往往是大型商业争抢的对象。但由于竞争使这些商家资源成为稀缺，有的项目甚至很难再引进这些商家，或者商家不能满足项目定位，使项目陷于被动。

1.6 原则之六，以动态成长性为前瞻

一般而言，自然而持续的增值是城市资源的一种天然属性。

随着城市自身的成长，比如，城市规划的确定、城市产业的发展，板块功能定位的确定，城市环境的改造、交通条件的改造，周边标志性建筑的建

厦门SM广场2期

设，旧城改造的展开，城市人口红利现象的持续等，促使了城市原有的一些潜在的、隐形的价值会得到不断的释放。所以，商业地产要前瞻性地发现和利用好城市的成长性价值。

比如，厦门的SM购物中心，类似于美国的郊区摩尔，在城市的边缘，营业面积12.6万平方米、设有5000平方米的城市停车场。随着厦门市区东扩步伐的加快，SM城市广场周边区域逐步成熟起来，SM开发商在耕耘厦门数年之后，才启动SM广场第二期的开发。

2. 商业生态系统定位策略

作为一个领导性的商业项目，往往需要从消费的角度——成为消费方式和生活方式的创导者，从竞争的角度——成为细分市场的领导者，从城市的角度——成为城市功能和城市文明的提升者来考虑项目的定位。

任何一件事物都处于一定的大环境和小环境中。影响商业地产的各种要素构成了商业项目发展的生态环境。商业生态系统是社会系统的组成部分，它类似于生态系统所具有的生命特征。如开放性、复杂性、有序性以及新陈代谢等。

商业项目应该有机地植入到城市的体系中去，融入到商业体系中，形成和项目外部大环境的有机性契合和共生。并通过内部的业态定位和业态组合，使项目具有一定的多样性、共生性、调节性和自我成长性。

2.1 项目定位的五大原则

不以规矩不能成方圆，商业项目的定位有一些基本的原则作为指导。一个项目应该从这些原则中考虑是否可以做得更完美。它们可以作为项目开发、定位过程中参考的标尺。这些原则可以简要地归纳为以下五个方面。

2.1.1 战略占位的原则

占位性原则就是指项目应在商业地产格局中占有领导性或者特殊性的位置。项目要有自己鲜明的项目主题，具有自己的细分性市场区隔。而且，商业项目要充分了解国外、国内、当地最新的业态，多考虑引进有潜力的新业态，使项目的占位具有前瞻性。

比如，作为中国最大商圈之一的天河商圈，汇聚了众多的标志性的商业项目。所以，当香港太古城要进军广州市场时，它就必须对项目做准确的定位。太古城集团采取占位策略，把太古汇项目定位为广州最高端的购物中心，并吸引了LV、PRADA等国际一线品牌入驻。其中LV店面占据太古汇两层

开业试营期的太古汇

铺面，面积达1800平方米，为其在中国最大的旗舰店。太古汇的建成也提升了整个天河商圈的档次和形象。

除地标性项目外，一些中小项目也可以通过各种途径寻找到自己的占位。

2.1.2 差异化的原则

为了规避同质化竞争的风险。一个商业项目应该挖掘细分市场的空白点和机会点，以独特性占领市场。并应该考虑把文化、景观等资源如何激活和整合，从而使项目从竞争的红海中开拓出一片蓝海来。

比如，香港K11艺术购物中心位处尖沙咀核心地段，与香港艺术馆、香港文化中心及香港历史博物馆等文化场所毗邻，该区域也为香港多元文化荟

香港K11艺术购物中心

萃的标志性区域。而定位于“艺术购物中心”的K11，是新世界发展集团为了应对同质化竞争，独辟蹊径地进行艺术主题定位和包装的项目。

K11之所以称为艺术购物中心，是因其把艺术欣赏、人文体验、自然绿化三大核心元素融合在了一起，令购物中心不仅成了购物天堂也成了观赏艺术的场所。K11这种三大元素融合的模式是目前购物中心定位方式的一种创新，也是一种跨界性的尝试。

K11通过艺术、人文和自然之间的互动，成为展现本地文化、艺术以及丰富市民生活方式的场所。K11购物中心内部设置了十八个“艺廊”，它们分布于商场四层的店铺之间，使购物中心兼具了艺术文化场所的功能。而且，K11在艺术品的主要选取于自香港本土艺术家的作品，以加强本地艺术家与市民之间的沟通及交流，培养市民的欣赏习惯和艺术素养。

2.1.3 深度关联的原则

我们强调项目要能使消费者产生偏好性。而偏好性是通过项目和消费者的深度关联建立起来的，一个项目的整体定位，以及业态业种的定位也要考虑到它们和消费者是否能够建立更紧密、更深度的消费和体验的关联。

比如，美国摩尔（The Mall of America），位于布鲁明顿市，是目前美国规模最大的购物娱乐中心，建筑面积约39万平方米，美国摩尔开创“娱乐零售”新概念。

美国摩尔每年举行各种各样的促销和娱乐活动就多达300多项，除了邀请歌星来演唱外，还有当地土著印第安人的特色表演，并有丰富的艺术展览、文化教育、婚礼庆典等各类活动。购物中心还引入多家大型的娱乐休闲类商家，比如，斯努比营地主题公园拥有30多个游乐设施和商店，它一直是美国摩尔里最大最重要的主题公园。而“水下探险”是一个有120万加仑水的水族馆，整个水族馆分为四个区域，游客可以通过120米长的移动通道欣赏40多种鱼类。

美国MALL将特色游乐和购物结合，从而创造了一个消费者全方位体验的购物与娱乐场所。同时，美国摩尔也创造了一个包括旅游者和娱乐休闲爱好者在内的新消费市场，而且将消费者由本区域扩大至城市、全国及境外旅客，并成为美国最具吸引力的目的地之一。

2.1.4 价值挖掘的原则

项目的定位需要建立在价值挖掘基础之上，这些价值包括显性价值和隐形价值。显性价值是便于发现和提炼的，而隐形价值则需要更深入的挖掘。比如地域文化、客流规律、商业环境、地形特点和城市规划等价值。项目定位要与这些资源进行有效融合和衔接。

比如，杭州西湖天地位于拥有历史文化景观资源的西湖景区，它以杭州独特的园林、历史建筑为基础，以自然与时尚的融合、历史与现代的对话为表现形式，是具有国际水平的集餐饮、零售、文化、娱乐的综合性时尚地标。

西湖天地在开发过程中对资源的挖掘体现在以下几个方面：

第一，景观资源价值的挖掘。西湖天地坐落于杭州历史底蕴深厚、景点类型丰富的西湖南线风景区，毗邻西湖十景之一的“柳浪闻莺”以及涌金池。第二，对于消费者价值的挖掘。西湖每年的游客众多，需要一个游憩商业场所来进行消费与休闲。其三，建筑文化资源挖掘。项目第一期的十多幢建筑都是杭州地域风格的浙派民居，设计师巧妙地将现代元素与传统建筑完美结合，既保留了粉墙黛瓦、雕梁画栋，又采用大面积的落地玻璃窗来传递窗外美景。其四，运营资源挖掘。西湖天地的主要投资商是香港瑞安集团，其开发的上海新天地已成为了上海最时尚的休闲地标。其对开发类似商业地产有着成功经验，并有着众多的商家资源。

2.1.5 高辐射性的原则

大型商业项目除了立足区域内基础性消费，还要吸引和辐射商圈外的消费者。而对位于非核心商圈的项目、或者区域消费力不足的项目来讲，要获得成功，更应该注重区域外消费者的吸引。所以，项目的定位必须具有一定的高辐射性。

深圳大梅沙奥特莱斯购物村，位于大梅沙湖心岛上，与滨海公园沙滩隔路相望，更处于山海环抱间。购物村以广场、廊桥、内街为有机串联，集购物休闲于一体，汇聚了60余间世界名牌折扣店，还有格调清雅、浪漫温馨的西餐咖啡厅，以及散布在各处高档工艺品店、私人俱乐部、婚纱影楼等。消费者可以漫步在湖心岛充满诗情画意的地中海风情街区，惬意地享受购物与休闲的乐趣。

大梅沙奥特莱斯购物村开创了深圳乃至华南时尚消费新模式，依靠众多国际品牌商家，大多数 3～6 折超值的价格折扣，魅力非凡的街区格调，雄厚的品牌运作实力等条件，更使大梅沙奥特莱斯购物村具备了辐射广州、东莞、惠州等市场的能量，成为都市旅游、休闲、购物的新地标和新热点。

深圳大梅沙奥特莱斯购物村

2.1.6 多元创新的原则

商业地产开发是个系统工程。所以，商业地产的创新也是一个系统工程。项目开发可以通过理念创新、定位创新、空间创新、功能创新、营销创新、服务创新等方面来实现超长发展。

比如，南京水游城处于夫子庙商圈和新街口商圈之间，但由于距离两个商圈都具有一定的距离，无论是夫子庙的商贸旅游气息，还是新街口的传统商业氛围，到此都难以形成很强的辐射效应。这恰恰使本处具有形成新商圈的可能。开发商立足于城市商圈高度，提出了振兴旧城商业，创造新经济增长点的计划。将本项目定位于旧城商业的振兴，而不是新街口商圈或夫子庙商圈的延续。

南京水游城实景图

更为创新的是，南京水游城商业项目是仿照日本博多运河城的模式规划设计的。南京水游城打破了传统的封闭式商业空间形态，它由一条景观水系隔开，形成开放式格局。阳光、空气、水流、绿色植物等元素被自然地引入城中，球形中庭、运河、水岸、水上舞台、透光天棚等设计，新颖独特，处处体现了开放式购物公园的先进理念。

2.2 生态系统定位法

生态位(Niche)是传统生态学中一个基本的概念。由J.Grinne提出，该原理的内容主要指在生物群落或生态系统中，每一个物种都拥有自己的角色和地位，即占据一定的空间，发挥一定的功能。自然生态系统中的关系也可以在商业地产中得以借鉴，比如可以应用到商业项目的定位中。

新开发的商业项目如同一个新生的生命胚芽，只有从城市中获得物流、资金流、信息流、人流等能量才能茁壮成长。项目也像城市有机体的一个新生组成部分，与其周边环境度过磨合期后，互相促进与助益，并与周围环境融合成为一个有机共生的共同体，从而形成一个良性的生态系统。

2.2.1共生性定位

生态系统中存在互利共生关系，这种共生关系在商业地产中不仅表现为项目和项目之间的共生关系，还表现为项目和所处商圈、板块的共生关系。

深圳南山商业文化中心被定位为深圳特区西部的商业中心、商务中心和文化中心。南山商业文化中心区是集商务办公、商业、文化、居住等多功能于一体的现代服务业中心，同时又是以游憩商业服务为特色的游憩商业文化中心(RBD)。随着城市向西扩张，南山中心区成为深圳西部未来的文化、商业和金融中心以及具有国际一流水平的现代化海滨城区。

保利文化广场处于南山文化中心区核心位置，占地面积5.4万平方米，建筑面积近15万平方米，是一个包涵影视文化、美食文化、城市休闲文化、时尚购物文化、科技娱乐文化及艺术文化等六大主题文化的“以文化营销为主导的主题型休闲购物中心”。保利文化中心的定位和其所处的区域定位以及区域其他商业项目具有很好的互利共生关系。

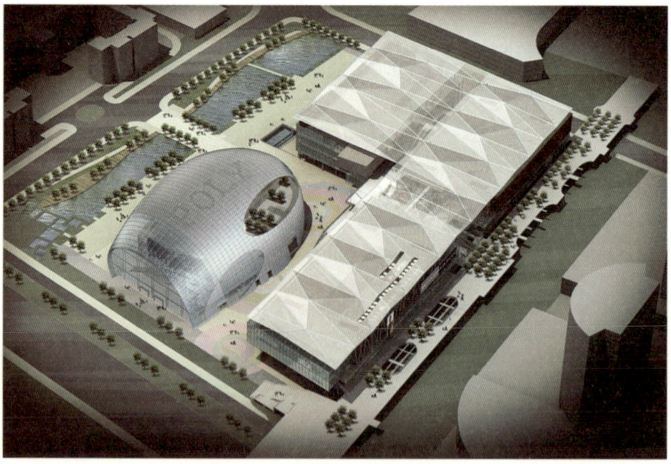

深圳保利文化广场

所以，商业项目的开发应该建立在解构城市的基础之上，力求项目能够成为城市发展轴线上、发展网络中的一个重要节点。只有跳出自身狭隘的视野，把项目提高到城市价值的高度，使其成为整个城市价值体系的一个有机的组成部分，或者能够通过自我营造成为城市商业发展的增长极，这样才能实现自身价值的最大化，才能实现板块价值和项目价值之间的正向放大。

2.2.2 占位性定位

生物系统有着稳定的金字塔体系，有些优势物种处于金字塔的顶端位置，处于领导性的位置。商业项目为了获得高度的辐射性和市场的领导性，也应该在整个商业生态体系中获得有利的竞争位置。

益田假日广场位于深圳华侨城核心，紧临深南大道，占地3.5万平方米，总建筑面积13万平方米，是一个集体验式购物中心、生态写字楼、五星级主题酒店为一体的大型建筑综合体。益田假日广场融合了国际购物、环球美食、休闲娱乐等功能为一体，充满鲜明主题和体验特色，假日广场拥有大面积交流空间，豪华邮轮似外形与世界之窗景点相互呼应。

益田假日广场定位为“城市客厅”。开发者对城市客厅的解释为：“一个家庭聚会、休闲的场所”。这正是益田假日广场所要营造的氛围：一个都市人聚会、社交、生活、休闲的首选去处。它可以让消费者在空间上体验奢华，从时间上体验时尚。它打造深圳全新的商业文化模式，以最具体验特色的消费理念推动深圳高端消费，促进区域商业的升级。

所以，商业地产的定位，更强调项目在商业格局中的占位和出位。而大型项目的定位应从整个城市的视野高度，占据城市商业格局的制高点。

2.2.3 错位性占位

为了避免过度竞争，商业项目可以采取错位性定位。

在一个商圈之内，各个项目之间基本都会形成错位发展的态势。比如，在上海的徐家汇商圈：港汇广场偏重高档消费，东方商厦以品牌职业装为主要业态，而太平洋百货则把客户群主要定位为年轻时尚女性，美罗城是偏重于休闲娱乐，徐家汇地下商业城，主要为满足年轻客群需求的时尚品牌、休闲、娱乐业等业态。它们使徐家汇商圈成为一个业态丰富、可以能满足绝大部分人消费需求的商圈。

北京西单大悦城实景图

再比如，西单商圈是北京传统商业中心之一，与王府井、前门共同被誉为北京三大商业中心。在竞争激烈的西单商圈，大悦城（JOY CITY）差异化客群定位取得成功。大悦城是一座由中粮集团精心打造的“国际化青年城”，这里每一层都主打一个概念，并由这些概念为她的年轻消费群体构筑了的全方位体验空间。这些概念是：趣味、 炫目、优雅、性感、潮流、动感、冲撞、快乐、约会、童真、兴奋、梦想，每个概念都充分体现青年人群的独特性格。大悦城的错位定位使其成为北京国际化时尚的又一风向标。

2.2.4 复合性定位

商业项目除了不同业态之间的复合之外，还可以和文化、景观、娱乐等多种主题进行复合，以达到吸引人气的目的。比如，游憩商业区，英文为Recreational Business District，缩写为RBD，就是不同类型事物的复合和嫁接。

北京SOLANA蓝色港湾国际商区，引入“Lifestyle Shopping Center”商业模式，并将其与北京消费趋势相结合，倾心打造中国首家Lifestyle Shopping Park。这里不仅是与国际潮流对接的时尚风向标，更是享受阳光湖水的购物天堂和欢聚空间。

SOLANA蓝色港湾国际商区将丰富业态与优美环境融合，在朝阳公园的广阔湖面和亮马河碧澈河水围绕之中， SOLANA蓝色港湾国际商区时尚且充满乐趣，不同的人群都可以在这里找到属于自己的Lifestyle。

北京的蓝色港湾截取了Lifestyle Center（生活方式中心）以

蓝色港湾内部实景

及Shopping Park（购物公园）概念的基因片段，组合而成Lifestyle Shopping Park，这使SOLANA既保留了既保留了Lifestyle Center的优势，又在此基础上更进一步，复合Shopping Park的理念，使项目更加的人性化和休闲化。

2.2.5 伴生性定位

商业地产和商业地产之间，商业地产和其他地产之间，也像生物系统一样，它们之间存在着依附、伴生的关系。比如，社区商业，某些城市综合体中的商业业态等伴生于其他主业态。

华侨城维吉奥商业广场总建筑面积6.5万平方米，它通过廊桥连接起83万平方米的华侨城主题住区与1平方公里的北京欢乐谷生态主题乐园。该商业广场汇集了度假酒店、品牌超市、餐饮娱乐、特色购物、酒吧等多种业态。广场设置大量休闲、散步空间，呈现出开放式广场与休闲式步道相结合、露天商业与室内商业相结合的形态。

广场建筑灵感源于意大利“花都”佛罗伦萨的维吉奥桥，通过廊桥巧妙连接住区与主题乐园。商业区处于居住区和主题公园区之间。在优美的生态与景观环境中，项目以纯粹的意大利人文背景、风情建筑、休闲理念、时尚气质打造与北京传统商业广场完全不同的休闲购物场所。

2.2.6 补缺性占位。

为了避免竞争、赢得消费者，或者进行垄断性的定位，商业地产定位最佳的方式是找到市场的空白点，在整个商业体系中进行补缺性定位，这样的新商业项目的出现，也有利于整个商圈的多元性和丰富性。

比如，深圳中心区写字楼林立，而购物休闲物业开始较少。所以，COCO PARK以购物公园为概念，将自己定位于一个集文化、艺术、餐饮、购物、娱乐、休闲观光等多功能于一体的情景式购物中心。因此COCO PARK在建筑上就有许多独特的地方：这个建筑面积8.5万平方米的购物中心，有1/4的面积被设计为休闲空间。打破了传统的封闭式构造，打造“内街”式购物中心，有12条折叠式内街，6000平方米的露天广场，8大自然光中庭，100米空中天桥。

COCO PARK内部实景图

COCO PARK从区域板块功能上来讲，本身就是城市中心区的商务功能的有益补充，它填补了大型购物场所欠缺的空白。从商业主题来看，COCO PARK巧妙地将娱乐元素与商业主题完美地契合在一起，开启了深圳中心区新的娱乐时代。而且，它也具有较为新颖的商业空间营造方式。

2.2.7 升级性定位

一个生态系统是不断地更新的。商业地产也一样，不管是一个城市的商圈、还是具体的项目都是在不断更新的。所以，商业项目定位可以考虑有机更新，或者直接升级的方式来进行定位。

维纳斯城堡（天幕罗马购物城）是1999年8月诞生的日本第一个主题公园型大型购物中心。维纳斯城堡的主题锁定在“女士的主题公园”。购物城在封闭的馆内真实地再现了17、18世纪的欧洲街道，维纳斯水景雕塑、神话壁画、人造日光等来演绎“女士主题公园”的主题。

商场中设有170多家店铺，商品琳琅满目，这里的大部分商家基本上是以经营女性消费品的商家。购物城为女性顾客打造了一个备受尊崇的商业消费环境，比如为女士特别打造的奢华卫生间，在商场或餐厅里都设有女人化妆室等。维纳斯城堡购物中心抓住了女性消费客群，成为了真正的女性的主题购物体验的首选。

但是因为项目周边消费人群的变化，消费审美疲劳等原因，使维纳斯购物中心的人流量近几年逐渐减少。所以，管理者对购物中心重新进行了有机的升级和改造，在保持部分女性主题购物场所之外，还加入了奥特莱斯业态，使其成为东京23区首家“都市型奥特莱斯” 。

3. 业态组合的八大策略

当项目的整体定位确定以后，项目的主要业态和辅助业态都需要紧紧围绕着这个定位，并注意各个业态之间和均衡性和互利性，注重项目业态和项目空间形状、资源和价值之间的契合性，对于大型商业项目更要注重商业性和非商业性引擎的多引擎设置，以此达到项目整体经济效益和品牌效益的最大化。

3.1 策略之一，依据项目整体定位

在项目属性定位和消费者定位确立之后，项目内部各个分区的主题、各个具体的业态都要围绕这两个核心定位，从而形成项目鲜明的主题。

上海正大广场是由泰国正大集团投资兴建的大型国际化都会购物中心，坐落在陆家嘴黄金地段，总建筑面积接近25万平方米，地上10层、地下3层，是正大集团在中国最大的投资项目之一。

但正大广场开始的经营情况并不理想。2005年，司徒文聪接手正大广场后，把项目的消费群体主要锁定在中产家庭和城市白领，并对项目进行了重新定位，提出“家庭娱乐消费中心”的概念。

上海正大广场内部实景图

根据此项目定位，广场在业态上作了相应的调整，大力引进了休闲、娱乐、餐饮业态，压缩了购物业态比例。在商户组合上引进了针对年轻时尚的白领所需品牌，大力增加次主力店的数量。比如，在5～10楼汇集了70多家中高档餐厅，填补此前高楼层大量的剩余空间，并成为上海美食休闲的新地标。

这些业态的补充一方面增强了项目对消费者的吸引力，另一方面有效地扩大了项目的辐射半径，吸引商圈外的消费群体前来消费，并延长了消费群体的购物时间。在业态重新定位后的不到一年时间里，项目由整体出租率不足60%到提高到了98%，定位和业态调整后的业绩改善可谓显而易见。

3.2 策略之二，业态组合的均衡性

一般的大型购物中心，大都是集购物、餐饮、娱乐、休闲、运动等于一体的、多种复合业态的集合体。这就需要它们之间的组合具有一定的主次性、互利性和均衡性，以此做到项目整体业态组合的最优化。

比如，正佳广场的主力店包括百货巨头广州友谊商店、正佳百货、百佳亚洲旗舰超市、季后风名牌折扣店、永乐生活家电、护理专家屈臣氏、龙粤数码、飞场影城、恒生家私、开心果玩具城等商户。按照餐饮18%、娱乐30%、零售52%的黄金比例安排商业布局，使正佳广场成为了丰富、多元、情趣化的体验式购物中心。

除了业态比例自己的均衡性之外，一个大型购物中心还应该考虑到：品牌性商家与一般性商家的比例和平衡，高收益业态与低收益业态的比例和平衡；大面积业态与小面积业态的比例和平衡；长期租赁业态与短期租赁业态的比例和平衡；白天运营业态与夜间运营业态的比例和平衡等。

3.3 策略之三，与空间价值相契合

对于同一个项目，由于不同的空间分区，不同的楼层高度，不同的交通可达性、不同的展示效果等因素，使项目内部空间的商业价值也是不同的。即使是同一个地点，对于不同的业态的商家其价值也是有所差别的。所以，业态的组合要与项目空间价值相互契合。

一般来讲，按照价值匹配的原则，价值高的地块往往出租给收益好的业主，价值低的区域出租给收益较差的业主，比如百货店往往是占据最好的位置，而超市等往往放在负一楼等价值不太高的地方。

蓝色港湾滨水酒吧街

SOLANA蓝色港湾按不同的功能划分为：美瑞时尚百货、SOLANA MALL、活力城主题店、亮马食街、左岸、中央广场等区域。项目涵盖了1000余个知名品牌，600多家零售名店，30多家餐饮美食，20多家临水酒吧以及传奇时代影城、全明星滑冰俱乐部、BHG精品超市等。

从蓝色港湾业态划分来看，主要分为三个区域：项目北部临近交通干道，而周边有着发达的餐饮、酒吧和娱乐场所，所以项目的北部被规划为以亮马食街为主的餐饮休闲区。项目的中部是项目的核心区，以品牌商业为主，东西两边又有哑铃型主力店的设置。项目南部零距离毗邻朝阳公园，所以，在此区域，打造以酒吧街为主体的滨水休闲区。这些业态划分与布局，充分的利用和注重了项目的空间价值。

3.4 策略之四，注重多引擎营造

为了提高抗风险能力以及聚合能力，一个大型商业项目往往要确定多个不同类型的主力店和次主力店，以此增强项目的辐射力和复合性，以吸引人气，又形成多业态经营，以使各业态之间优势互补。

通常而言，主力店往往是一个项目的锚点和引擎。比如，在大悦城招商过程中，其在坚持总体定位的方向下，在每个楼层都设有主力商家，以此带动整体的招商，以主力店引导人流，并将一些主力店的出入口安排在人流动线终端，尽可能地延长购物人流通过的路线。

西埃德蒙顿购物中心总建筑面积530万平方英尺，融旅游、娱乐与购物功能为一体的。它拥有超过800间商铺和服务设施，包括9个精彩纷呈的游乐场，一间世界级的酒店，种类繁多的专卖店以及100多个餐饮点。其每年吸引超过2.2千万的客流量，也就是阿尔伯塔省人口7倍的客流量。

西埃德蒙顿购物中心的以下项目被载入吉尼斯世界纪录：世界上最大的室内游乐场（25个游乐设施）；世界上最大的室内三环过山车（1285米长的轨道）；世界上最大的室内人工湖（拥有哥伦布的圣玛丽号复制帆船）；世界上最大的室内人工造浪泳池(1250万公升水)；世界上最大的停车场(停车位达2万辆)。这些不同的大型商业场所，组成了复合的、多吸引力的引擎系统。

3.5 策略之五，异业互补，同业差异

业态的组合方式可以分为横向组合和竖向组合。

业态的横向组合是指不同业态之间的组合。比如，香港的购物中心和国内大多数购物中心的业态布置是不同的。它们并不是简单地以化妆品、男装或者女装按楼层来明确划分。而是在每一个楼层里既有服装珠宝，又将咖啡馆餐厅、电影院、溜冰场、数码馆等穿插其中，形成了功能上的相互补充。

业态的纵向组合是指同一种业态之间的互相组合。比如，百货有高端时尚百货可以和普通百货进行组合等。纵向的组合是在每一个细分业态之中，再增加了更丰富和多样的商业，从而，增加了购物中心整体的丰富性，多样

性和有机性。

例如，重庆美美百货在经过改造和升级后，改变原有的单纯百货卖场模式，成为集百货卖场加众多国际品牌旗舰店为一体的购物中心。国际品牌旗舰店将主要分布于一楼和二楼，三楼及其以上楼层则成为重庆美美时代广场一般品牌的卖场。这样就更加提升和丰富了项目的业态组合。

3.6 策略之六，与人流动线相契合

业态组合与人流动线相结合主要体现在以下三个方面:

其一，人流动线的汇集点，往往是展示面最好、人流最大的地方。所以，这类地点往往留给主力店、核心店、人气店之类的业态。比如，华润万象城把最好的位置分别给了Gucci旗舰店和LV旗舰店。特别是Gucci旗舰店，除了占据两大主干道的金角位置，还是一个四面临街的相对独立的商业单体。

其二，通过人流动线与业态分布的优化，可以使各个业态之间充分地共享客源。比如，万达认为：在中国各大城市的购物中心，餐饮店铺绝大多数

华润万象城Gucci旗舰店

都集中在最顶层。因为中国人喜欢美食，客户在用餐后，往往就会进入购物的“下半场”时间段，从上而下，可以经过其他楼层的相关商铺，这样就能增加顾客的购物机会。万达人为此还发明了一个名词叫“瀑布效应”。

第三，人流动线应该结合各个业态之间的逻辑关系。比如，宜家家居的人流动线是按照居家功能进行分区的，而且各区是按照客厅、厨房、餐厅、工作室、卧室、儿童室等进行有序排列。这种动线顺序符合各个业态之间的内在逻辑关系。

3.7 策略之七，与对应资源相契合

业态的划分和组合应该和项目所具有的各种资源紧密地结合在一起，这样才能更大的发挥项目本身的价值，以及项目内相应业态的价值。

比如，大观天地MALL，紧邻国家AAAA级风景区狮子山、阅江楼、静海寺、天妃宫等著名历史文化景点。大观天地MALL在规划思路对以上资源作了充分的利用，它的对策是:

二层顶部商铺命名为“天街”，消费者在此可以看到阅江楼、明城墙、庐龙湖、静海寺和天妃宫等历史文化景观，所以业态以特色创意餐饮为主，美食和美景相互呼应，使消费者流连忘返；东面街铺命名为“内街”，“内街”紧邻静海寺、明城墙，依托古典建筑，打造出别具特色的休闲街区。

而在苏州没有任何一条街巷像李公堤一样，能将独一无二的风景、历史及现代商业元素如此巧妙地融合在一起。李公堤国际风情水街分为动、静两个区域。前者以主题性酒吧、音乐餐厅、咖啡吧、DISCO及特色餐饮等为主，将成为苏州金鸡湖南岸极具活力的区域。而后者则集高档餐饮、SPA生活馆、商务会所、休闲酒店等于一体，主要针对商务人群。

这些业态的划分与组合都是结合景观、文化资源的典范。

3.8 策略之八，注重收益最大化

业态的定位、选择和组合的最终收益性是商业项目考虑的重点之一。

比如，一般购物中心往往倚重主力店综合效应的这种主流开发模式表面

风光，然而开发者却无法从大商家低廉的租金和长期的合同中分享到物业价值的成长。南京水游城一改这种做法，实行去主力店操作，增加功能店而替代主力店，这样获得了更大的租金收入空间。所以，要综合考虑大型主力店带动人气的作用和租金收益之间的平衡性。

但除了租金上的贡献之外，还要考虑不同店铺的不同功能。比如，品牌形象店，有利于树立项目的整体档次和形象；娱乐，电子游戏等业态可以吸引夜间客户，可以增加夜间人气；超市、影院类业态，可以给商场带来基础性的人流。

所以，商业项目应该对各个业态进行全面的分析，从中找到兼顾品牌、收益、特色、人气等综合效益的最佳业态组合和定位，以实现项目价值的最大化。

4．商业空间的八大特性

现在的商业地产的本质到底什么?

商业空间是商业活动的容器。如果我们把基本的居住和工作场所称为第一空间和第二空间，而把完成基本性的衣食住行的商业空间称为第三空间。那么，在第三空间之上，现代商业空间还可以实现消费者更多元、更高端需求。比如交友，商务，休闲，社交，娱乐，聚会，游憩，另类体验等。也就是说，现代商业地产的本质是消费者自我实现的场所。商业地产空间也就是自我实现的第四空间。

基于以上的核心理念，我们可以看到先进的商业理念和商业思想已经成为指引商业地产的开发指南。比如，生活方式中心、体验经济、休闲经济、购物公园、游憩商业、复合商业等理念的引入、为项目注入了先天性、优异性的商业价值。

4.1 空间的目的性

任何商业空间的设计都具有一定的目的性。这种目的性包括一定的商业主题、一定的商业功能、一定的经济目标实现等。这是我们进行空间创作的出发点和落脚点。

青衣城（Maritime Square）是香港大型商场之一，位于香港新界青衣地铁站上盖，属地铁公司旗下的物业之一，为了在香港众多的购物中心的竞争中脱颖而出，青衣城在商业空间的设计上强调了差异化的主题。

项目引进了海洋及航海意念，商业空间模仿邮轮的特色布置，形成的流线型走廊、这里的百余间特色商铺，每一间商铺就像是邮轮里的一间间豪华客房。辅助帆船、色彩缤纷的航海旗杆等装饰，形成了独具特色的具有海洋特色的商业空间和商业主题。

除了整个商业空间的目的性和主题性设计之外，青衣城内部的局部空间也紧紧围绕了海洋主题。比如，其服务台被设计为一艘轻盈的小型游艇形状，场所的服务人员就在游艇的驾驶台前为您服务。服务台上方不再是普通的墙壁，而是被装饰成了奇幻的深海世界。

4.2 空间的尺度性

对于建筑的尺度问题，日本建筑师丹下健三提出了“社会尺度”和“人的尺度”的概念。丹下健三认为：现代社会中出现了对应于“群集”的尺度，如大型城市、高速交通的尺度等，故必须建立“社会尺度”的概念。丹下健三将建筑尺度区分为人的尺度、众人尺度及超人尺度等。而作者认为空间的尺度具体可以由以下几个主要方面确定：

其一，以自然为尺度。商业地产的营造应该遵循自然的尺度，比如，河流的边界，道路的阻隔，地块本身的形状等条件，都是项目要遵循的尺度性因素。

其二，以人为尺度。这是商业空间营造的根本。这个尺度包括消费者生理上的尺度和心理上的尺度，比如，合理的商业规模和体量可以保证顾客不会产生疲倦和厌倦，处理好商业空间和休闲空间的比例和尺度，可以保证各个消费者购物的舒适性。

其三，以功能为尺度。一定的空间都是为了实现一定的功能。所以，为了实现不同功能就需要不同的尺度设计。比如，为了把客户直接输送到最高的楼层，有时是通过跨越几层的通天梯实现的。这样的超长尺度的应用方式，可以说是功能决定尺度。

其四，以技术为尺度。我们所创造的空间在尺度上的突破都往往是随着技术水平的突破而实现的。比如高速电梯的出现使立体城市和立体商业空间的营造成为可能。而尺度的极限，有时也要受到技术制约。

其五，以关联性为尺度。空间不是孤立的，所以尺度也不是孤立的。尺度和尺度之间存在着各种各样的关联和制约。有时，一个尺度是由另一个尺度决定的。它们之间具有一定的因果性。

比如，一般情况下，两货柜，中间行人柱网尺度可以参考公式：

$$W=2\times(450+900+600+450)+600N\ (N>2)$$

其中W为柱距，标准货架宽度为450mm，店员通道宽度为900mm，标准柜台宽度为600mm，在柜台边购物顾客占据的宽度为450mm，行走顾客宽度为600mm。N为行走顾客并排行走的人流股数。但N取值分别为5、6时，这种布局的柱网为7.8米、8.4米以上。这个柱距就是由其他尺度关联性决定的。

其六，以特殊要求为尺度。比如经济性，为了节约成本，项目采取比较折中的空间尺寸；为了树立形象，项目需要进行一定的造型或者夸张化的处理；为了满足消防、限高等条件的限制，项目必须采取相应尺度等。

4.3 空间的多义性

一般来讲，一定的商业空间对应一定的功能。而有些商业空间具有多种功能和用途，或者除了具有一个主要功能之外，还具有其他次要的功能和用途，或者在不同时间段具有不同的功能和用途。这些都是商业空间多义性体现。

苏州圆融时代广场效果图

比如，苏州圆融时代广场是苏州市CBD最繁华的商业中心及苏州市标志性商业项目。它是集零售、餐饮、娱乐、商务、旅游、休闲、文化等为一体的综合性全天候消费区域。圆融时代广场的电子天幕，其具有多种功能与用途。

其一，天幕长约500多米，由高科技LED灯组成，具有数码影像展示功能，成为苏州夜间消费的著名场所；其二，天幕把多个独立商业单体建筑有机的连接在一起，形成了一个即分离、又联系的商业街区。天幕还作为了步行街的架空性顶棚。这样，一方面可以形成免除风雨侵袭的半室外步行街，另一方面又可以导入阳光和空气等自然元素；其三，超大天幕的流线型设计还具有很好的外观造型，形成弧形天际线，提升了项目的形象。

4.4 空间的立体性

两个方面的需求促使了商业空间的立体化营造。其一，地块本身因为具有一定的高差，比如坡地、山地区域开发的商业地产就要考虑立体化设计。其二，出于节约土地、提高商业空间效益等原因，商业地产需要立体化开发。

比如，重庆新世界购物中心位于长江与嘉陵江交汇处，正对着重庆市的老CBD区。因为项目场地有将近40米的巨大高差倾斜，所以整个购物中心跨越了四层不同高度的水平平台。整个购物中心外面罩着一层玻璃防护罩，将城市的污染和脏污挡在室外，并充分利用了当地的自然资源，比如风、阳光、河水以及自然景观，从而为购物中心营造舒适的环境，并提供多功能的休闲娱乐场所。

重庆新世界购物中心内部效果图

而香港太古城的立体化营造则更多的考虑是项目的经济效益。太古地产以开发地铁上盖物业为主。太古城项目规划的策略之一就是尽可能创造更多的“地面”。因为方便客户通行的首层地面一般客流最多，而楼层越高则租金越低。但太古的“又一城”项目，从地下3层至地上2层共五个层面分别与地铁站、火车站、城市隧道、城市干道、公交车站和的士站等交通设施连接，通过建筑设计让不同的交通方式都可以到达不同的楼层，这样每层都能给进入的顾客造成“地面”的感觉，提高了高层物业的租金水平。

4.5 空间的关联性

空间之间具有一定的关联性。这种关联性在主要表现在以下两个方面：

其一，商业项目内部空间与空间之间的关联性。比如，营业空间、交通空间、休闲空间、辅助空间之间的关联性等。以中庭空间为例，其往往是一个商业内部核心空间。它和其他空间的关联性表现在以下几个方面：从平面上来看，中庭往往是一个项目空间的几何中心，既是平面各个方向上交通的节点。所以，它在平面上既有聚合消费者的特点，又有把消费者分散到不同

正佳广场的中庭空间

空间的功能。从竖向上来看，是项目垂直交通的主要通道。所以，它即关联了平面空间，又关联了垂直空间。而且，中庭是一个巨大的展示空间，可以把客户从低层空间吸引到高层空间。

其二，项目空间和其周边的城市或者区域空间之间的关联性。比如，城市轨道交通和项目内部交通之间的空间连接。以华润万象城为例，导入人流的空间有以下几种方式：除了地下地铁通道、地下人行通道、地下下沉式广场、地面街区、地面广场等传统的导入方式外，还采取了同层停车的方式，消费者可直接把车停在自己需要到达的楼层。这样，通过不同性质空间的更紧密关联，既方便了客户，又能使高层商户分享到更多的客流量。

4.6 空间的场所性

"场所"是指通过历史、情感和事件在某一空间中的作用，把人们对城市或者大自然的记忆延续下来，成为人们生活中重要的空间形象代表。"场所性"对于消费者最大的作用是通过体验形成场所记忆，而良好的场所记忆可以促使消费者对商业项目形成偏好和认同。

日本难波购物公园，位于大阪传统热闹商业区，从远处看该建筑好像是一个斜坡公园，公园层层递进，从街道地平面上升至8层楼的高度，使整个立体空间绿意盎然，这与周围的钢筋水泥建筑形成强烈对比，成为城市单调背景下的一处难得的生态化场所。

"真正的场所并不存在于大楼之间，而是存在于人们值得记忆的体验中"，这句话言简意赅地表达了"场所制造"理念，而难波公园就是这个理念最为典型和生动的体现。然而设计师颇有新意地利用地势，提出了人造峡谷的设计想法，"峡谷"的设计附带引入了众多的体验要素：溪水、山石、植物、岩洞、阳光等。

除了"峡谷"的设计，建筑设计师巧妙地将楼层和花园结合在一起，形成立体的空中花园，这里的"空中花园"种植了大量花草植物，植物随着时间和季节而变化，给人以不同情景的感受。这让消费者能够享受在公园中漫步、参观、购物、娱乐的多重乐趣，让购物成为一种愉悦体验。在空中花园中，开发者还开辟了一些空间出租给城市居民，让他们亲自栽植瓜果蔬菜，使都市人又可以获得亲近自然的感受。

日本难波公园综合体

4.7 空间的时间性

空间的时间性有三重含义，第一重含义，同一空间在不同的时间具有不同的功能和价值。比如，三里屯Village里的一个广场，冬天可以为溜冰场，夏天可以作为喷水广场。第二重含义，不同的空间在不同的时间价值是不同的。比如，通常购物空间在白天的价值大，而娱乐空间则是在晚间的价值比较大。第三重含义，从消费者角度来看，一个商业空间让消费者的体验时间越长，这个空间的商业价值往往就越大。

空间可以产生时间，时间可以产生消费。捷得所有的项目都紧扣项目环境而非商业运营这一主题。事实上捷得发现，有时尽管购物并非它们设计的焦点，但不可思议的是，销售量反而节节攀升。事实证明建筑越是注重难忘的体验，慕名而来的人就越多，创造的社会和经济价值就越大。因此，捷得把重点放在增强顾客的体验上。捷得把这种现象冠名为“捷得定律”。

南京水游城，这个面积16.7万平方米的新型购物中心带来一种全新的购物体验和生活方式，并和南京现有的商圈形成错位、差异化。水游城中心舞台通过365天不同主题的演出活动打造一个“永不落幕的都市剧场”。按照开发者的说法，精心营造舒适的环境目的只有一个，就是为了促进“时间性消费”，让顾客停留更长时间，通过延长逗留时间来增加消费。

据说，在西单大悦城开业初期，项目的负责人会到地下车库去查看停车记录，当他发现顾客的泊车时间从最初的40分钟变为后来的3个多小时后，他预计这个项目已经初战告捷了。

4.8 空间的进化性

随着时代的发展，商业空间的形态、规模、外观等各个方面都跟随着进化与升级。比如、商业空间从最初的街市形式发展到最新的购物中心形式，商业的空间有时也不是仅仅是考虑到自身需求，还要考虑到项目与城市的关系等。

而原先纯粹的购物商业空间，也逐渐变得更加人性化、主题化、多元化、休闲化、情景化、体验化、生态化、科技化、社会化。

如果我们把基本完成基本性的衣食住行的商业空间称为第三空间。那么，在第三空间之上，现代商业空间还可以实现消费者更多元、更高端需求。比如交友，商务，休闲，社交，娱乐，聚会，游憩，另类体验等。

可以说工作场所只是实现生活的手段，而广义的商业空间才是生活的真正空间。也就是说，现代商业地产的本质是消费者自我实现的场所。商业地产空间也就是自我实现的第四空间。

5．场所营造的十六大策略

商业场所设计的趋势有：商业空间步行化，公共空间社会化，商业空间的休闲化，商业环境的个性化，商业空间情景化、商业空间室内化，有限空间的利益最大化等。

而商业场所应注重消费者难忘的体验经历，以此来促使消费者延长消费时间、产生重复性消费以及吸引更多慕名而来的客户，并实现的项目经济价值最大化。而体验式商业是通过场所的营造来实现的，体验性场所可以为商业建筑赋予差异化的竞争优势。而场所营造主要有以下十六种方法。

5.1 策略之一，以商业经营为目标

商业地产首先要解决的问题是商业设计，而不是建筑设计。

商业地产的功能是商业经营，其应该从空间、交通、结构、设备、配套等方面满足商业的经营要求，必须要充分考虑到商业的后期经营问题，不能简单地用建筑设计代替商业规划设计，否则将很难保证商业地产的成功运营。

天津奥林匹克中心体育场呈“水滴”形。“水滴”设计为6层，各层商业用房总面积达到3.5万平方米，将“经营”融于设计，在“水滴”最初的设计图上，除了符合国际标准的足球比赛场地之外，还有卖场、展馆、健身中心等辅助商业设施。

这里不仅要成为能够举办国内外大型比赛的竞技中心，而且结合商业地产开发，汇集了超五星级酒店、电子竞技中心、VIP包厢、名士休闲会所、西部牛仔俱乐部、精品运动商城和体育精品店、美国宝力豪国际健身俱乐部等各种娱乐休闲服务的场所。这不仅使项目成为大型文娱活动的重要场所，也使项目成为了集群众健身、休闲、购物、娱乐、旅游为一体的主题购物场所。

开发者希望把商业开发计划融入到设计方案之中，并贯穿体育场的建设

始终。比如，体育场一层6000平方米的健身中心预留了足够的电力设施，确保满足健身场所需要。在奥运会后，除开展竞赛、演出服务外，还要进行全面的商业运营，增加盈利点，实现体育中心的长期良性运营。

5.2 策略之二，遵循客户认知规律

自从20世纪60年代，消费者行为学理论得到了较大发展，该理论强调从消费者出发来进行商业空间决策，并在商业空间的研究和开发中应用很广。

1971年，美国的学者赖斯顿((Rushiton)提出了行为与空间模型，其主要有以下几个观点：第一，行为与空间结构是相互依赖的，任何一个空间结构的转变都会导致空间行为的转变；反之，空间行为的变化也会引起空间结构的变化；第二，行为有两种类型，即消费者行为和经营者行为，且互相影响；第三，行为是行为者利用各种知觉的可能性做出的偏好性选择的方式。

在深圳最一流的购物场所，比如万象城、海岸城、京基Kkmall、中信城市广场、益田假日广场、COCOPARK购物公园、金光华等，它们的核心内街都是采用弧形形状，消费者徜徉其间，形成一个流动空间，吸引了客户自觉的前行，是消费者不断获得视觉发现的欣喜的动线。而不像有些购物中心那样，所有内街和过道都是笔直的方格网络，像专业市场格局一样被一览无余。在第一印象之后，使消费者失去新鲜感。

在消费者的认知过程往往主要是依靠视觉，所以购物中心征服消费者的第一个环节是征服消费者的视觉感官。所以，一个购物场所、包括场所内部的各个独立店面，要形成自己的视觉展示和营销系统。特别是具体的商业单元——独立店铺更要注重自己的二次包装，形成具有鲜明自我特点的场所。

5.3 策略之三，空间的双系统营造

商业项目的设计、特别是大型商业项目的设计，要使项目设计和城市设计结合起来。因为城市环境是项目环境的母体。一个项目不仅仅是自我的内部设计，而是要结合整个城市的环境、交通、地段价值等，进行城市场所和项目场所的双系统营造。双系统营造方式可以发挥系统之间的耦合价值，使

京基Kkmall购物中心内部空间

两个空间之间进行联动并形成价值的共享。

深圳海岸城位于南山商业文化中心区，由东座写字楼、西座写字楼、海岸城购物中心和海岸风情街组成，总建筑面积约30万平方米。其中购物中心约12万平方米。

由于海岸城规模巨大，横跨几个街道。所以，在建筑设计上更注重项目和城市之间关系的处理。为此，海岸城创造性营造出城市第二平面——在项目的二层营造出一个超大广场空间，设有多功能大舞台和超大电子屏幕，为各类演出、聚会、商业活动和市民的公共休闲娱乐活动提供了广阔空间，形成一个全步行的聚客空间。而且，一条长710米高架步行街将南山商业文化中心核心区与海雅商圈连接在一起。

项目首层的地面空间仍旧保持城市原有的交通等城市功能。而南广场与水景完美结合，并营造出大面积的水景广场。这既是项目海岸城定位海洋文化主题的体现，也为城市创造了良好的公共休闲空间，提升了整个区域的价值。

海岸城创造的城市第二平面

5.4 策略之四，场所的主题化营造

商业地产场所营造的主题化是一个趋势。所以商业地产应该重视包括项目整体上的主题化营造、项目分区域的主题化营造，以及项目某一个商业单元的主题营造。

香港的圆方购物中心位于香港西九龙地段、它结合了多种营造理念，是香港最高端的商场之一，也是时尚一族购物休闲好场所。圆方最让人影响深刻的是它的主题营造。

比如，圆方这一名称就寓意了“天圆地方”之意。而在商场内部又划分了金、木、水、火、土五个主题区域。寓意项目业态多样性、均衡性。其中，“金区”汇集顶级名牌商店和世界级食肆；“木区”是以健康和美容、时尚为理念的区域；“水区”有多姿多彩的国际美馔及时尚服饰；“火区”为动感娱乐地带；“土区”则集合各国潮流服饰。每个区都有著名艺术家设计的大型艺术品作标志。

以海洋为设计主题的商业项目比较多，但大多只是在色彩和小品上的简单体现。而香港港湾豪庭商场则以邮轮为设计主题，空间细节描摹得十分逼真，各种海洋元素和邮轮元素也风情十足，给人以强烈的感染性和震撼力。

以邮轮为场所主题的港湾豪庭商场

5.5 策略之五，多磁极系统的营造

商业地产的磁极系统是指能够聚合消费人流的各种业态、功能、活动等。它不仅仅是主力店那么单一。商业的磁极系统可以分为两类。第一类，是商业性磁极，人们的聚合是依靠商业的带动。比如餐饮、娱乐等业态可以把人流吸引到商场的顶端。第二类，是非商业磁极。比如休闲空间，娱乐空间，露天影视，休憩空间，自然资源，交通换乘点的磁极作用等

从磁极的持续性来看，有永久性，长期性，短期性和临时性的区分。比如主力店是长期的，而一些演出、庆典活动或许只是一年中的几个时间节点而已。

商业磁极和锚设置的有两种方法。一种是平面布置的类型，比如在商业街两端的哑铃式布置主力店，吸引两端的人流；或者是多点的布置，用来清除各个区域的人流盲区和加强人流较少的区域。另一种是垂直的布置，也就是主力店分布在不同的楼层。比如主力店可以放在2层以上，或者跨越几个楼层，可以吸引人流上行。

Blue water 购物中心平面图

Blue water购物中心位于伦敦东南部，是1999年落成的英国最大的购

物中心。主力店由3个本地百货公司组成，分别是 John Lewis、Mark & Spencer、House of Fraser，它们各自销售自有品牌的比例非常高。商场的设计以三角形作为平面的主要框架，并分别于三个角落创造了三个零售区域，分别有着不同的零售卖点及市场定位，同时另设有三个不同的村落概念。

Blue water除了依靠不同类型的主力店作为商业磁极之外，还应用自然环境、休闲场所等作为吸引消费者的非商业磁极。Blue water算上周围的湖泊及停车场范围，占地达240公顷，购物商场附近分布有7个大小不同的湖泊，形成水网交错的天然景致。顾客在消费之余，可以在附近进行钓鱼、攀岩和高尔夫等户外活动。此外，Blue water还是一个拥有众多野生动物的生态公园，各种水鸟在这里怡然自乐，这有利于消费者在购物或闲逛的同时缓解平日紧张的工作节奏。

5.6 策略之六，外部资源的内部化

项目所处区域的资源是项目场所营造要利用的因素之一。项目除了要利用好地板本身的资源之外，还可以对地块周边的资源加以改造、导入和利用。

通常，我们对外部资源的应用有两种模式，第一种是连接模式，比如利用通道把交通站点、公共广场、公园等场所和本项目进行连接，以此来扩大本项目的客流。第二种是导入模式，比如把项目外部的水系、文化等资源引入到项目内部，促使项目最有更强大的聚客性。

博多运河城中心水景广场

比如，日本博多运河城（CANAL CITY ）是日本福冈规模最大，开发最成功的商业项目，

项目开发周期三年，于1996年4月开业。总建筑面积约200多万平方米，总开发费用约800亿日元。目前，博多运河城也是日本最成功的大型商业中心之一。

以形成福冈市21世纪城市新轴线为目的，以追求物美价廉及娱乐性相结合为主题，博多运河城是富有休闲与娱乐功能的大型综合性商业设施。它将河流引入城区，将柔软的水体与坚硬的建筑连成一体，既在形态上给人以变化，又在心理上给人以放松。其每年举行1800多次免费活动，烘托了运河城的娱乐氛围。

在商业布局的营造上，运河城首先突出了运河的特色，它以南北流向的人工运河为中心，集中设置游艺、商店、餐饮、电影院、音乐厅以及饭店。沿着南北方向的运河为中心，人们在这个空间里可以尽情享受购物、美食、娱乐等。博多运河城的模式也成为世界很多开发商借鉴的对象。

5.7 策略之七，体验式场所的营造

体验需要参与性，参与性需要用人类特有的五种感观来实现，比如听觉，视觉，嗅觉，触觉，感觉等。有时候休闲业态只是商业项目的非主要内容，然而，有时却正是它们成为吸引消费者的主要动因。

在西埃德蒙顿购物中心，室内人工湖景区中停泊的1:1 圣玛丽亚号船的模型，这是当年哥伦布发现美洲大陆时乘坐的船只，巨大的桅杆和船帆再现了当年宏大的气势。电影院前悬挂着许多世界大片中的主题模型，各类人物在这里都得到了“再生”。这些都给消费者留下的深刻的印象。

而大运河购物中心是澳门最大型的室内购物中心，位于澳门威尼斯人度假村酒店，整个购物中心被一幅偌大的天幕覆盖，天幕可营造出晨昏日出日落的云彩和天色，大运河购物中心内有3条室内运河，分别是大运河、圣路卡运河及马可波罗运河，这3条运河互不相通，各运河中有多条贡都拉船往来穿梭，顾客可付费乘船游览各运河。这3条运河的设计意念源于威尼斯水乡的迷人景色为主题，运河周围充满威尼斯特色建筑群及拱桥，让人犹如置身于浪漫的威尼斯，享受异国风情。这些都是体验式购物场所的典范。

5.8 策略之八，空间的立体化营造

商业地产空间上的立体营造起着提高土地利用率、增加商业价值、便利消费者等作用。商业空间的立体化营造可以大到一个商圈的营造，小到一个项目具体空间、具体功能的营造。而且空间的立体化营造有四种模式:

其一，空间的立体化是向空中发展的。比如，香港MegaBox位于企业广场五期，楼高19层，商场是东九龙区最大型的购物商场，亦是全港首个大型垂直式商场，商场内设有旋转车路，让客户可以驱车直达商场的不同楼层。

其二，空间的立体化是向地下发展。比如杭州钱江新城波浪文化城是全国最大的地下商业空间之一，波浪文化城分为两层，总面积达13万平方米。地下一层为商业以及城市博物馆等文化休闲设施。地下二层为公共停车场和地铁站。这个区域的地面层通过一系列的坡道、广场、水池、敞廊与地下空间紧密地联系起来。

其三，空间的立体化是在不同平面方向和垂直方向上空间单元的相互连接和组合。比如，高空平面上的连廊、垂直空间上的通天梯等都是使空间立体化的手段。深圳人民南片区的二层空中连廊步行系统南起佳宁娜广场，北止东门商业步行街，全长1660米，连廊连通了佳宁娜、友谊城、金光华、深南路百货广场等商业场所，并将人民南商圈与东门商圈连接起来。

其四，空间的立体化是同一个功能在不同空间层面上的实现。比如，立体交通、立体绿化、立体停车等。比如万象城立体的空间交通系统：中间的写字楼和购物中心之间通过空中连廊连接，地下交通空间和商场同层停车空间的开发等，都是空间立体化的体现。

5.9 策略之九，空间的创新和优化

空间的优化和创新是场所营造最重要的策略之一。通过创新，可以给项目带来领先性的竞争优势，可以给消费者更完美的消费体验。所以，场所营造必须注重空间的创新和优化。

朗豪坊位于香港旺角兰街，建成于2004年，是旺角地铁站上盖商业，总体量16.7万平方米。朗豪坊属于地铁上盖商业综合体项目，由购物商场、酒

朗豪坊的通天梯和回转购物廊

店、写字楼组成，是九龙区著名的地标建筑。

与普通购物中心不同，朗豪坊将人流由通天扶梯引至顶层，再通过“回转购物廊”（Spiral），消费者可以从最高的一层一直朝下走，通过不断螺旋向下的斜坡，经过一层又一层，最后直达底层。缓缓下降的螺旋阶梯将人流轻松地引向低楼层，并成功地引导到每一间店铺前，以提高商店吸引顾客的能力。

明华轮曾是法国制造的巨型豪华邮轮，也曾经是深圳的一张名片。这艘邮轮在停运后，于2005年12月16日进行商业化营业。其1~9层全部打通，最顶层盖上玻璃天花板，形成一个阳光中庭，内有酒店、桑拿、餐饮、大型主题酒吧、健身会所、红酒雪茄屋等。

位于3、4、5层的明华轮酒店是一座以加拿大风格设计建造的海洋特色的酒店，力求营造一种典雅浪漫的气氛。在船上的6、7、8层，最为引人注

充满海洋风情的甲板聚会

目的要属乐汶堡啤酒西餐厅，可以在这里畅饮原汁原味的现酿德国啤酒，还可以体验到甲板上的海洋风情。明华轮的商业化改造也是空间创新和优化的成功实践。

5.10 策略之十，复合空间的应用

商业项目的空间可以是多种功能空间的复合体。这个空间既可以是整个商业项目，也可以是项目中的某个空间单元。也就是说，不管是整个项目空间还是项目局部空间都可以是具有多种功能的复合空间。

从整个项目的角度来看，正佳广场在商场举办展览、进行文娱表演、科普讲座、文化讲堂等活动，把以前只可能出现在展览馆、剧院、音乐厅和旅游景点上的项目一一搬到了购物中心，使购物中心具有了多种不同功能场所的性质。

特别是广场举办的恐龙展，开展第一周就吸引了780万人次入场参观，最多的一天吸引了超过150万人次，刷新中国单体购物中心单日客流量的最高纪录。与此同时，由于家庭顾客的数倍增长，正佳广场各主力店的生意有四至六成的增幅，珠三角的客流也增长了40%，而且吸引了不少外地观光团。

正佳广场内部多功能空间

从局部的空间来看，正佳中庭中的开放式公共空间，也具有多种用途，可以根据需要的调整和改变。比如，进行产品推荐，文化表演，或者形成一个局部的袖珍型商业街，具有可变的多种用途和功能。

5.11 策略之十一，消极空间的积极化

在商业地产空间中，除了宽敞的入口、气势的中庭，华丽的店面等一些让人赏心悦目的空间之外，商业项目还包括了车库、电梯间、洗手间、试衣

间等场所。这些场所给人的感觉往往是狭小、昏暗，非人性化，色彩沉闷，卫生条件差等影响。它们往往是人们体验过程中的消极空间。而通过对这些消极空间的优化或者改造，可以大幅度提升商业空间的人性化和舒适度。

比如，在广州的太古汇购物中心，设计师采用了无门厕所。因为考虑到厕所的门把手是细菌的密集之处，因此设计师故意让人去每一处厕所都要转两三个弯，几个拐弯可以形成阻挡视线的“门”。这成为商场的一大特色。作为香港首个横向式的大型购物中心，为凸显商场的高雅形象，圆方购物中心不惜花费逾一千万港币，把商铺的宝贵空间装修成为洗手间，并在门口设置豪华等候区，让顾客在等候亲友时可安坐在真皮座椅上细阅杂志。同时，洗手间内采用高级的酒店设施及个人护理产品供顾客免费享用，尽显时尚尊贵。

为什么商场中都是黑色的扶手电梯？能不能有最适合项目的不同色彩的手扶电梯？这可能是一个过于挑剔的问题。但细节改进就是进步的途径。有些商家也发现到了类似的问题。比如，有些商家已经在电梯底部进行了装饰，通过增加灯管和金属性装饰外壳，使电梯的外表也变靓起来。

购物环境的人性化、消极空间的积极化处理体现了商家的人文关怀，也使消费者购物过程成为一个愉悦的旅程，并最终促使消费者对项目形成偏好性和忠诚性。

5.12 策略之十二，生态化语言的应用

在现代商业项目设计中注重自然景观和具有地方文化特色的自然化、人性化设计，将阳光、水体、绿化等自然要素的引入是室内是一种趋势。

西溪湿地以其原生态的迷人景观而闻名全国，凭借西溪的优势，西溪印象城将坐拥1000万平方米的西溪湿地景观。整座物业将做成国内“休闲生态购物中心”的代表之一，也是一个体验式的购物中心。顾客可以直接从项目一层经过坡道走到三层的屋顶花园，在此可以直接观赏西溪湿地公园，印象城将周边自然景观概念延伸入项目，打造全感官生活之旅购物中心。

杭州西溪印象城效果图

在商业项目开发过程中，可以借助立体空间来全方位进行生态化营造。比如可利用屋顶进行绿化，也可利用的建筑立面上的退台空间进行植物种植。以此在整个城市中创建空中园林，形成立体式的绿色网络。

深圳怡景中心城是以“生态景观式休闲消费”为核心理念的纯美式、亲自然的体验式购物中心，“绿色生态”是中心城的一大特色。中心城以“紫禁公园”为概念设计，拥有近3万平方米的屋顶生态公园和1.5万平方米的下沉水景广场，整个购物中心完全掩映在自然绿色的环境之中，顾客可以边逛街边赏景。

5.13 策略之十三，高技化语言的应用

现代商业地产受到了日新月异的科技发展的启发和影响，其场所营造也越来越多地应用到高科技发展的成果。这些高科技理念和营造技术的应用，给商业地产空间带来了崭新的外观、体验和功能。

2008年5月，在获得了银河SOHO地块后，SOHO中国公司委托曾荣获普利兹克建筑奖的扎哈·哈迪德建筑师事务所担纲项目设计。该项目前卫造型具有极大的视觉冲击力，其将成为北京城市中心的地标性建筑。

北京银河soho效果图

银河SOHO拥有总建筑面积330,000多平方米，包含166,000平方米的写字楼及86,000平方米的商业区域，银河SOHO使用了多项绿色建筑的先进技术，比如高性能的幕墙系统、日光采集、百分之百的地下停车、污水循环利用、高效率的采暖与空调系统、无氟氯化碳的制冷方式以及优质的建筑自动化体系。

MyZeil商业中心内部实景

位于法兰克福（Frankfurt）的MyZeil商业中心的主体建筑由让人惊叹的曲面玻璃幕墙组成，表面积接近12000平方米。项目的设计灵感源于峡谷意向——建筑与建筑间的大峡谷。外壳的形状和定位在满足审美要求的同时满足功能和结构的要求。通过运用全新技术手段，项目最终达到的令人震撼的效果。

5.14 策略之十四，文化性语言的应用

文化地产是住宅项目的一种营造方式。而文化机构、设施、元素等也同样可

以应用到商业地产的开发中。通过文化可以对项目进行包装，形成项目差异化的定位和场所体验。

从大的方面来讲，项目可以引入一些文化机构设施等。比如，海上海创意商业街被设计成由一个Z型街道和五大场景节点（块状院落）所组成的流动园林。其中五大场景节点按照所采用的基本建筑材料，分别命名为“水泥制造”、“金属制造”、“玻璃制造”、“红砖制造”、“木制造”，分别对应电影、餐饮、数码、视觉、文化五大经营主题。

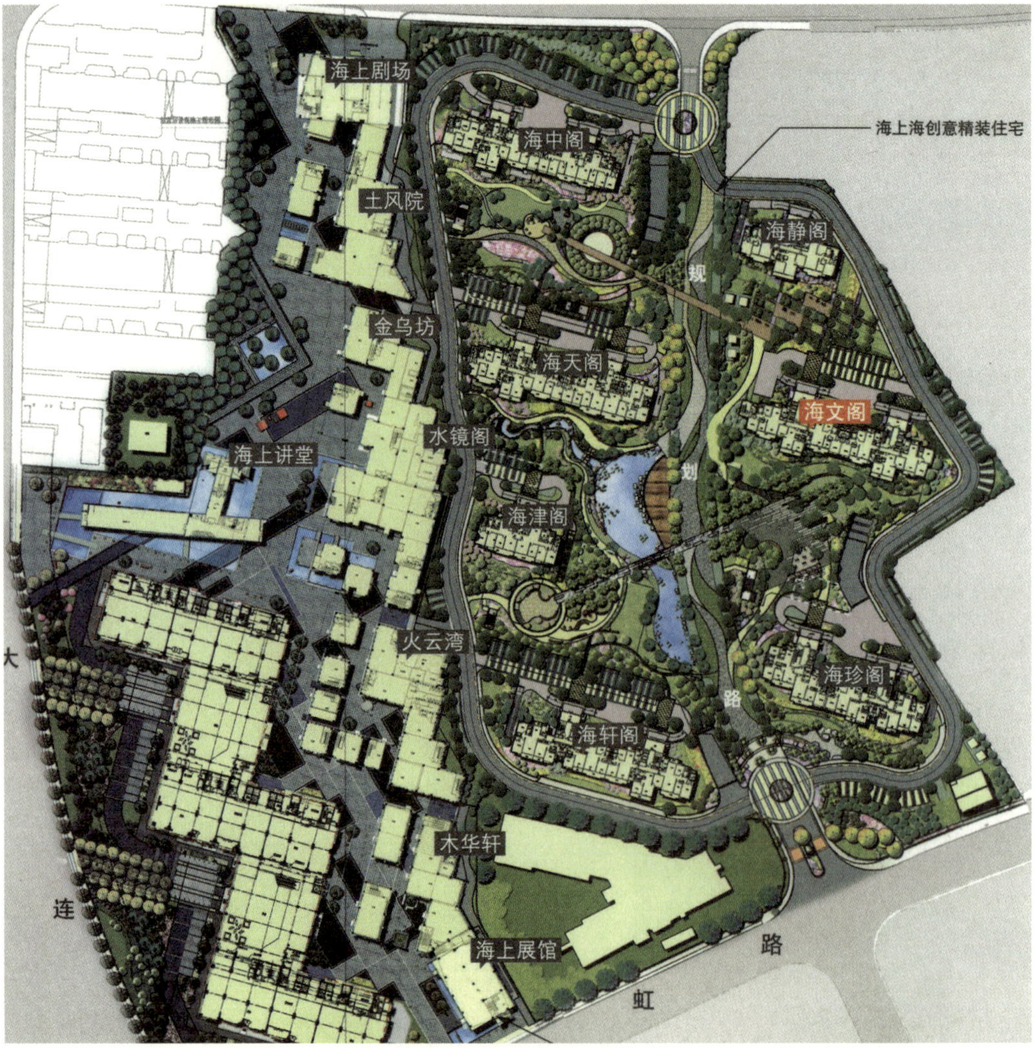

海上海总平面图

海上海创意商业街将文化内蕴融入到商业营运中，以近一亿元的大手笔打造海上讲堂、海上剧场、海上会馆三大文化建筑，让文化产生最大的商业化能量。同时组建上实文化经营管理公司，对创意商业街与三大文化建筑统一管理，充分发挥文化经营的特色，确保上海创意商业街的完美运营。

从小的方面来讲可以，项目可以引入一些文化元素、文化标志物等。比如，大拇指广场是证大集团开发的第一个商业项目，在开发理念上秉持了“艺术地产”的风格。2003年斥巨资收藏了法国超现实主义艺术大师恺撒的传世名作——“大拇指”雕塑。同时，为弘扬人文艺术精神，表明证大集团意欲开发一流商业项目的信心与决心，整个项目被命名为“大拇指广场”。

5.15 策略之十五，地域性语言的应用

一个项目和它所处的地域有着千丝万缕的联系。所以，项目有时会遵循和顺应当地的文脉和文化。并且，我们可以把地域性的资源、元素等应用到项目的营造之中。

比如，苏州的李公堤系光绪年间李超琼所建，它是中国最大的内城湖泊金鸡湖中唯一的湖中长堤，全长1.4公里。而目前在李公堤上开发的商业项目，采取苏州传统的二层民居建筑形式，在色彩上也以江南建筑常用的灰、白、黑三色为主色调，并借鉴苏州园林的布局格式，以多座小桥把各个分离的空间连接起来。李公堤依托金鸡湖营造的独特

李公堤三期效果图

湖景文化，将自然环境和现代建筑巧妙的相融合。

传承地方文脉，即需要对历史文化的内涵有深入的了解和认识，也需要有高超的设计策略。广州的北京路步行街中保留着汉代的历史遗迹，而上下九传统商业街重现了骑楼式的商业街，这些区域在建成后成为了富有广州地方特色的休闲、购物的场所。

5.16 策略之十六，符号化语言的应用

为了最有效简洁的表达购物中心的开发理念和消费主题，以及为了给消费者能够留下一个鲜明的心理印记，购物中心往往会借助一些特别的标志物，来表明项目的场所精神。这些标志往往既具有一定的寓意性、又具有一定的艺术性，并具有强烈的视觉冲击。

在东京“六本木之丘”（Roppongi Hills）的广场中央，有一只引人注目的巨大的蜘蛛雕塑。高10米的巨大蜘蛛雕塑是把来自世界各地的人们聚集一处、编织新信息场所的象征。而坐落在朗豪坊购物中心正门、高三十米的Happy Man雕塑，是设计师Larry Bell首个在美国以外的雕塑作品，象征动力和朝气蓬勃，成为了朗豪坊的地标。

Coco Girl原型是一位玩偶——由两位设计大师历时近一年时间联袂设计的人形动漫形象。作为Coco Park的代言形象，Coco Girl是国内唯一的购物中心形象公仔，Coco Girl代表着生活在一流国际化大都会的青春女孩。她是时尚的、青春的、智慧的、灵动的、善变的、张扬的、自我的、独立的、大胆的。Coco Girl也寓意了购物中心引领时尚消费的定位方向。

另外，场所设计要注重形象和特色，它们是提升物业价值的要素。商业建筑的外观、色彩、各种建筑符号要得体，这样才能让所服务对象记于心间。

6. 商业地产的运营

现代商业地产开发出现了以下几个方面的改变：其一，由出售项目获利转变为持有物业经营获利；其二，由单一功能向多功能、多物业形态发展；其三，由单一项目开发向连锁开发、品牌开发转变。

而商业地产与住宅地产的最大差别是：建成交付使用只是其价值释放的开始，其持续性价值的释放体现在后期的经营过程中。商业地产是通过场所和平台的营造，完成开发者、所有者、经营者、消费者和管理者这五方价值链的营造和整个商业系统价值的增值。

6.1 前期阶段，开发模式的设计

商业地产的开发模式多种多样，但是在分析中国顶级商业地产开发商之后，我们可以得出他们的共性特点来。一般来讲，它们都具有以下几个特征：全面战略联盟、复合型产品与业态，盈利模式切实可行，全产业链开发与运营，标准化开发与复制等。

其一，战略联盟方面。得商家者得先机。大连万达和深国投采用订单式的商业地产开发模式，他们与沃尔玛等国际国内商业零售巨头建立战略伙伴关系，根据主要核心主力店的需求进行选址和空间设计。订单地产只是获得商业战略联盟的一种方式，除了大的商家的联盟，还要和其他次主力店、特色店、甚至设计建筑单位、策划运营公司等形成更大范围的联盟关系。

其二，产品模式方面。比如，目前万达广场已发展到第三代。第三代万达广场通常选址于城市中心或者次副中心，有几十万平方米建筑面积，产品包括购物中心、商业街区、酒店、写字楼、住宅等形态。使项目形成了业态之间互相促进、人流互相分享、风险与收益相互平衡的、提供复合价值的城市综合体模式。

其三，盈利模式的可行性。通过住宅和写字楼的产权销售变现，万达可以解决自己因持有绝大部分商铺而带来的资金链紧张问题，实现长期收益和短期收益的平衡。一方面万达可以坐收商铺每年不菲的租金收益，而且，更为重要的是随着土地和物业的升值，万达的财富也在以惊人的速度增长。所以，万达能够享受资产价格升值和土地升值的双重利润。所以，万达的收益为“产权销售收益+租金收益+资产升值”的模式。

其四，全产业链开发。万达集团在商业地产的发展过程当中逐渐形成了自身完整的产业链。该产业链从项目设计、建造开发和经营管理等都有涉及。比如：其拥有全国唯一的商业规划研究院，无论是商业中心还是五星级酒店，从结构、机电、立面到装修全部能独立完成设计；拥有全国性的商业地产建设团队，可以严格控制项目成本；拥有跨区域的商业管理公司，负责各个万达广场的管理与经营。

其五，标准化开发和复制。万达竞争力的一个重要体现在于万达的速度，比如，万达的许多项目要求当年开工就要当年营业。而万达广场能够在全国快速复制的关键在于万达的标准化运作。万达把地产开发每个流程的主要环节进行标准化，让所有人员依据标准、遵循流程、各司其职、全力以赴。

宝龙地产的“宝龙模式”也强调选址标准化、建筑设计标准化、业态组合标准化、运营管理标准化。标准化生产能使宝龙开发运营成本降低20%以上。所以标准化开发和复制是速度和效益的保证。

6.2 中期阶段，商业平台的营造

商业地产是通过场所和平台的营造，完成开发者、所有者、经营者、消费者和管理者这五方价值链的营造和整个商业系统价值的增值。各个参与者之间是一个互惠互利的、有机的商业生态链。

商家是直接面对终端消费者的，所以，最能体会到经营的难易程度。商家对项目的认可与否十分关键，这甚至决定了项目的档次、规模和开发速度。

比如，由于在城市新兴次副中心，一些大型百货店考虑到人流、收益等因素而不愿入驻万达广场，这严重的阻碍了万达的扩张速度。于是万达就组

商户是商业项目最关键性资源之一

建自营的万千百货。依托万达集团强大的商业地产开发、经营实力，万千百货形成“同步进入，同步开发，快速扩张，快速升级，以规模带动效益”的整体发展战略。

在成立后的两年多时间中，万千百货已经成功在哈尔滨、成都、西安、北京、苏州、上海、青岛、重庆、南京、洛阳等地开出十一家商场，在刷新行业开店速度纪录的同时，单店保持60%的销售增长速度，已经成为中国百货行业最具活力的新生力量，也已成为万达集团旗下四大支柱产业之一。

拥有自我商家资源的开发商在中国少之又少。所以，绝大多数商家需要招商途径获得。招商成功与否是项目能否顺利开业运营的第一步。在招商过程中，要坚持引领消费的原则。在满足基础客群的消费需求之上，要洞察消费趋势和潮流，前瞻性创造和引领消费需求，使项目获得超强的吸引力以及持续的生命力。

比如，在北京西单大悦城的招商过程中，参与招商的香港SPACE商业经营管理集团认为：作为衔接品牌商与商业项目之间的纽带，引入品牌的多少和质量决定了商业地产在市场竞争中以及在消费者心目中的地位，尤其是那些前沿性、时尚性消费者所看重的国际品牌，更能体现项目的定位，也更能给消费者带来全新的生活体验。

在国内，商业项目往往是采取招商和销售两者结合的盈利模式，一般二者在时间上有所间隔。往往是在招商获得一定的效果后，比如明确了主力商家之后，才以其带动效应，促进项目的销售。通常而言，项目招商和销售策划的具体内容有：

项目整体形象策划和分期形象策划，入市时机及推售节奏策划，租售比例和租售方式的确定，招商策划和招商政策的制定，战略合作方的引进策划，大客户和特殊商户合作方式策划，项目包装推广策略，公关活动策划，营销推广效果的监控、评估、修正体系建立，营销系统的优化和提升策略等。

6.3 后期阶段：商业的增值运营

商业地产后期运营增值阶段的主要内容有以下几个方面：

其一，业务管理，日常维护：日常租赁合同的签订，入场的手续办理，租金收取，处理商家的投诉或需求，进行消费者关系维护，场地租赁和管理等；

比如，在客户维护方面，重庆美美时代广场推行礼宾服务，为顾客提供资讯查询、行李寄存、餐厅订位、手机充电、雨伞借用、无线上网等服务。对VIP客户，更有专属会员服务，还不定期推出各种文化、艺术类主题活动。

其二，整合营销，品牌管理：项目的销售和租赁只是商业地产永续运营的第一步，项目可以通过后期的持续运营，树立项目特有的形象，传播其特有的卖点，通过有组织、有计划的活动推广来建立本项目的影响与品牌，通过整合营销传播，向目标消费者推广本项目的特色和优势，形成广泛的影响力和吸引力。

比如深圳Coco Park，通过在中庭露天广场组织各种活动，使自己成为了城市一个持续的兴奋点，成为城市的T型台，成为大家观注的焦点，成为项目所倡导生活方式的一种持续的、潜移默化的传播，从而形成自己特有的商业文化和商业个性。

其三，业态优化，系统优化：评估现有业态组合是否能够达到市场定位的要求；根据市场需求和发展，不断优化项目的市场定位和业态组合；定期对商家的经营状况、服务质量、租金收取等进行评估；对商家优化调整，以实现更高的出租率、更高的租金收入、更好的品牌效应。

其四，运营创新，价值创新：运营创新的过程是一个价值不断增加的过程。这个创新的过程包括品牌塑造创新、空间利用创新、营销活动创新、客户服务创新、利润增长点创新等各个方面。比如，万达依托其在商业运营上的成功经验，成立了万达商业管理公司，通过输出管理，成为万达新的利润增长点。

其五，绩效评估，优化改进：从租金收入和投资回报的角度，定期对项目的经营绩效进行评估，采取措施提升项目租金及增长率，提升资产回报率等。

参考文献

【1】 重庆市北碚区人民政府网站：《成都锦江区“五朵金花”经济发展模式》

【2】 浦发集团网站：《浦发集团赴西宁、西安交流洽谈投融资创新业务》

【3】 上海金桥集团公司网站：《碧云国际社区 中国上海国际社区的典范》

【4】 罗良忠，史占中：《硅谷与１２８公路—美国高科技园区发展模式借鉴与启示》

【5】 黄康，李国华：《为中国争取光伏产业话语权，新余“豪赌”光伏》

【6】 天津招商网：《中新生态城国家动漫产业综合示范园招商》

【7】 潘秋玲，郑晓宇，曹三强：《区域性国际会展中心城市发展模式研究》

【8】 艺术中国网站 ：《常州动画基地：建国家基地，打造动画名城》

【9】 赵鉴光，吴广怀，马建昌，何建超，刘磊：《曲江模式》

【10】 杨子晚报：《南京构建四大融资平台》

【11】 陈 超：《文化：新世纪城市新一轮发展的引擎 》

【12】 白亮争，刘萍，李晓民：《营销曲江，曲江地价凭什么涨了5倍？》

【13】 高津鹏：《当前房地产开发盈利模式浅谈》

【14】 古春晓：《传承与创新——现代中式建筑“九间堂”引出国际论题》

【15】 戴烈：《半山半岛建筑设计随想》

【16】 李一凡：《金地集团：科学筑家的绿色基因》

【17】 黄更：《景观设计中场所的隐喻性研究》

【18】 张延林：《论商业生态系统竞争战略》

【19】 丁刚：《经营之道：去美国商城坐过山车》

【20】 党永嘉：《招商“外包” SPACE成功盘活西单大悦城》

后 记

今年三月份，我在西安曲江新区考察项目时，有幸重游慈恩寺并登上大雁塔，期间之所闻所见，更让人为玄奘大师坚忍不拔的意志与绝世才华所钦佩和折服。这也更加激励我放下其他工作，在此后的一百多个日日夜夜中，孜孜以求，尽快把本书进行完稿和出版。

当前，中国房地产行业已经从高速发展期进入到平台发展期。整个行业也朝着广域性、复合性、多元性、跨界性等方向纵深发展。而且随着其在快速发展中所隐藏问题的逐步显现，使房地产策划更具有了挑战性和复杂性。这也必然会对房地产策划提出更高的要求。所以，我们倡导：以实现和引导终端消费者需求为核心，创造多元复合价值，营造有机社会生态系统的策划模式。

本书以广角式视野，囊括了区域开发策划、住区开发策划和商业地产开发策划三大部分。在区域策划部分提出了区域开发的基本原则、策划体系以及各个子系统的策划模式。在住区策划部分，主张以价值营造和场所营造为核心，并阐述了其各个策划节点的通用模式和模板。在商业地产策划部分，倡导以有机共生商业生态系统营造为核心，并原创性地归纳了商业地产各个领域核心的策划模式

本书在原创性的基础之上进行高度概括性归纳，力求对房地产策划的核心部分做到最全面和深刻的总结，并直接给出最实效的方法和策略，再配以经典的案例简明扼要地做示例和说明，以较小篇幅让读者直接阅读到最核心的内容。

每一个行业都有一个行业在理论和方法上的收获，即使这种收获哪怕是整个体系大厦中的一片砖瓦般那么微小，但这也是在探索进程中的

阶段性成果。作者会以此为基点，在房地产策划的广度上和深度上，比如城市综合体、旅游地产等领域会继续探索，希望后续会有更创新、更实效的作品奉献给读者。

最后，感谢刘俊哲女士作为编辑助理而为本书所做的有益工作！

雷万里

2011年8月